Diálogos d~ ~

Diálogos

de un

Bohemio

Antonio de Pórcel Flores Jaimes Freyre

ToTTó
El Bohemio Boliviano
========

Volumen 1

Antonio de Pórcel Flores Jaimes Freyre

Información Editorial

Diseño de las portadas:
ToTTó "El Bohemio Boliviano".

Fotografías de ToTTó:
Sandra de Pórcel: "El Bohemio"
Roberta O 'Day: "Filósofo Aficionado

Revisión y Edición:
Antonio de Pórcel Flores Jaimes Freyre.

Prólogo: Antonio de Pórcel Flores Jaimes Freyre.

Publicado por:
Nicolás de Pórcel Linale
En Redwood City, California
Estados Unidos de América USA
Primera Edición: 2018

**Editorial:
"Tres Baturros
En Un Burro"**

Antonio de Pórcel Flores Jaimes Freyre

Índice

Antonio de Pórcel Flores Jaimes Freyre

Dedicatoria

A las alumnas y alumno
de mis talleres:

Poética,
Actuación teatral,
Publicación de libros . . .
y
Diseño Gráfico

Regalo de ToTTó
celebrando un encuentro
en el día de su matrimonio.

Gracias por su asistencia,
amistad,
paciencia,
y buena voluntad

Un abrazo de amigo
ToTTó

Fresno, California.
Estados Unidos de América

Abril 13 del 2019

Antonio de Pórcel Flores Jaimes Freyre

Pensamientos de un Bohemio

No hay peor cosa que creer que uno

¡SABE!

aquello que uno realmente

¡NO SABE!

Así, nunca

lo

¡APRENDERÁ!

Un abrazo de amigo
ToTTó "El Bohemio Boliviano"

Antonio de Pórcel Flores Jaimes Freyre

Reconocimientos

A mis Padres:

Hortensia Flores Sáenz
de Pórcel (Mamá Hortensia)

Alberto de Pórcel Jaime
Jaimes Freyre (Papá Jaime)

Por la gran herencia que me regalaron,
su inmortalidad en el pasado

A mis Hijos:

Nicolás de Pórcel Linale Flores
Cecilia de Pórcel Linale Flores de Losee

Por la felicidad de mi buen auguro,
mi inmortalidad del futuro

ToTTó

Antonio de Pórcel Flores Jaimes Freyre

Agradecimientos

Agradezco valiosa colaboración:

En la edición a:
las alumnas de mis talleres.

En la publicación a mi admirado hijo.
Nicolás de Pórcel Linale,

A mi querida hermana:
Teresa de Pórcel Flores Jaimes Freyre

Por animarme a lanzarme y compartir con mis lectores.

A mis amigas y amigos:

Miles de gracias a todos, cada uno, a su manera, me han ayudado y estimulado durante el transcurso de mi corta carrera como escritor.

ToTTó

Antonio de Pórcel Flores Jaimes Freyre

Prefacio

Diálogos de Antonio y ToTTó

He nacido en el mes de Junio, así que soy un geminiano, el signo de los gemelos, ese signo que me la mi forma de ser y mi karma, reclama la acción creativa de las dos fuentes que me constituyen. Por claridad, llamo a estas dos fuentes usando mi nombre y mi apodo; de manera que estas discusiones son entre Antonio y ToTTó. Generalmente estas discusiones siguen el método dialéctico que usaba el gran filosofo Sócrates, aquel griego que decía: "gnosete ipsum" –conócete a ti mismo. En este método, escogido, claro está por Antonio, una pregunta se responde con otra pregunta y así sucesivamente.

Antonio y ToTTó

Antonio es el gemelo que representa lo **Apolíneo**, lo espartano, el pensamiento filosófico, la busca de ideas y conocimiento, el uso de la inteligencia sistemática, del análisis estructural, la aplicación de la lógica y la descripción de la realidad en base a leyes y sistemas. Es el estadístico aficionado a los números, aquel que ordeña a las computadoras y juega ajedrez. Es el que ha estudiado las ciencias psicológicas y ha teorizado acerca de los métodos pedagógicos y didácticos. En pocas palabras Antonio es el profesor de universidad quien fácilmente puede dictar conferencias y hacer presentaciones académicas. El hobby principal de Antonio es el lenguaje, el juego de palabras. Su buen humor, sus bromas, no son fáciles de entender pues generalmente tienen un fondo, un contenido, una moraleja. Antonio no es religioso, pero tiene la preocupación de Dios a quien concibe como ser superior que merece una explicación.

Antonio de Pórcel Flores Jaimes Freyre

El cree que estamos en esta vida sólo de paso a otras vidas mejores y que vivir mucho tiempo como humanos, llegar a viejos sin mayor utilidad, es una perdida de tiempo.

ToTTó representa lo **Dionisiaco**, lo Baconiano, la vendimia, la fiesta, el jolgorio, la alegría de vivir, sin limites de tiempo ni de espacio. ToTTó es un hedonista, le gusta el placer por el placer mismo. Es el "Bohemio", el artista, aquel compone canciones, crea diseños gráficos, toma fotografías, filma vídeos y escribe poemas.

Para ToTTó la vida y la muerte son la misma cosa, de manera que él no tiene miedo ni preocupaciones por el futuro, vive en el presente y goza soñando con su pasado. ToTTó tiene también muy buen humor y su conversación esta plagada de bromas, pero estas bromas son sólo para hacer reír, para pasarla bien y hacer alegrar a las gentes.

Para ToTTó la religión es importante en la medida que pueda producir arte, por eso le gustan tanto las mitológicas, especialmente la Griega, que el usa como fuente de inspiración para sus poemas. Para él, Dios es el creador de la belleza y el mundo en que vivimos es el mejor de los mundos.

ToTTó no está preocupado por las otras vidas y cree que el destino y la buena suerte son los dos carriles por donde viaja el tren de su existencia.

Un abrazo de amigo
ToTTó

Prólogo

A manera de imitar las "Tertulias" en las que se reúnen literatos y poetas a discutir sus opiniones, escribo estos diálogos . . . Un intercambio de opiniones: de ToTTó, "El Bohemio Boliviano" y de Antonio, "El Pensador Paceño". Gozan de un momento agradable, dialogando temas de interés artístico, literario y filosófico.

ToTTó El Bohemio: músico, aficionado a la poesía, al teatro a la publicación de libros y al diseño gráfico:

Es el gitano bohemio cuya personalidad está cerca de 'Baco': dios de la alegría, el fandango, la juerga y el placer por el placer.

El valor más importante para ToTTó es la 'belleza', seguida por el 'amor', la 'amistad' y la 'verdad'.

Este bohemio es un artista. Pasa su vida soñando y escribiendo sus sueños; armonizando sus fantasías y viviendo sus quimeras. Posee, por así decirlo, el espíritu del "Ariel", un personaje de Shakespeare.

Antonio: aficionado a la filosofía y a la literatura:

Es el pensador que se las da de 'serio', su personalidad está más cerca de: 'Apolo', dios del pensamiento, la lógica, la investigación y la filosofía.

El valor más importante para Antonio es la 'verdad', seguida por 'sinceridad', la 'justicia', la 'honestidad'; el 'amor' y la 'belleza'.

Antonio juega en los diálogos el papel de preguntón, dándole a ToTTó la oportunidad de expresar sus ideas. El intercambio, formado por preguntas y respuestas, se asemeja, en alguna forma, a las "Diálogos Socráticos"

Diálogos de
de un
Bohemio
======
ToTTó
Espíritu Baquiano

Antonio
Espíritu Apolíneo

21

Primer Diálogo

Antonio de Pórcel Flores Jaimes Freyre

La Interpretación Poética

La Interpretación Poética
Poema de ToTTó: "Me Dejaste Media Vida"
"Princesa de Fuego y Divino"

Diálogo

Antonio: "Hola ToTTó. Hoy quiero hacerte unas preguntas acerca de tu poema:

"Me Dejaste Media Vida"

y del primer verso:

"Princesa de Fuego y Divino"

El poema lo escribiste a la memoria de tu hermana Betty y se lo dedicaste a San Agustín. Estoy sorprendido por tu dedicatoria, pues bien sabes que el santo, es uno de mis filósofos favoritos."

ToTTó: "Pregúntame lo que se te antoje Antonio, si puedo, te daré alguna respuesta y sino, me dejarán pensando tus preguntas, que es lo que más me gusta de nuestros diálogos."

Antonio: "Verás. Sin querer ofenderte. ¿No crees que este verso está mal escrito?

"Princesa de Fuego y Divino"

ToTTó: "Ja. Ja. Ja. Me haces reír y me recuerdas a mi querido amigo, el abogado mejicano, Don Gilberto Díaz Chanona.

Antonio: "Quizás deba reírme de tu respuesta. ¿Qué tiene que hacer tu amigo con mi pregunta?

ToTTó: "Todo y Nada. Si quieres te cuento la anécdota, pero me parece que será un poco larga y no quiero abusar de tu paciencia."

Antonio: "No te preocupe mi paciencia que cada vez que dialogamos la pones a prueba, eso me gusta porque me das la oportunidad de practicar."

Antonio: "Tu sabes, mejor que alguien, que la práctica es el camino a la perfección. Sin más rodeos, por favor, cuéntame la anécdota, siempre y cuando en ella haya una respuesta a mi pregunta."

ToTTó: "En ella encontrarás la respuesta. Lo único que te pido es que me interrumpas con tus comentarios, pues no quiero que este diálogo se vuelva un soliloquio."

Antonio: "Será como tu quieras. Es hora de que empieces con tu añorada anécdota."

Anécdota de Gilberto

ToTTó: "Gilberto es un campeón de editores, no se le pasa una coma o un punto. Además de ser tan detallista y minucioso, sabe mucho de gramática, sintaxis y semántica. Pero eso no es todo, hace las correcciones rapidísimo. Me dio la impresión que los errores le saltan a la vista, como ratones hambrientos al queso."

Antonio: "Como acostumbras, siempre adornando las anécdotas, no me sorprende que este diálogo será bastante largo."

ToTTó: Te lo previne. Además sabes que me gustan las metáforas, son la sal y pimienta en la escritura, la frutilla que adorna la crema en la torta."

Antonio: "En eso tienes razón. Me imagino que Gilberto también encontró errores en el primer verso de tu poema. ¿No es verdad?"

ToTTó: "Como siempre tu imaginación es correcta. Tienes el don de adivinar el pensamiento. Ja. Ja. Ja. Si es verdad. Gilberto me dijo que debía corregir ese verso."

Antonio: "¿Por qué no lo corregiste?"

ToTTó: "Simplemente porque no tiene errores. Así se lo demostré a Gilberto, quién me dio la razón después de oír mis argumentos."

Antonio: "Este diálogo se va poniendo interesante. Si lograste convencer a Gilberto, es muy probable que me convenzas. Ya veremos. ¿Por qué Gilberto dijo que el verso incorrecto?"

ToTTó: "Gilberto dijo que es incorrecto gramaticalmente y que no se lo podía corregir sin cambiar el sentido del verso."

Antonio: "Tu amigo fue más allá de una simple corrección gramatical. Me parece interesante, estoy de acuerdo con su opinión."

Antonio de Pórcel Flores Jaimes Freyre

ToTTó: "Claro que no se lo puede corregir, no tiene errores, ya te lo dije al principio."

Antonio: "Lo dijiste, pero eso no es suficiente, demuéstralo."

ToTTó: "Gilberto me dio estas tres opciones: 'princesa divina de fuego'; 'princesa de fuego divino'; 'princesa divina y de fuego'. Dijo que el sustantivo *"Princesa"* es femenino y por tanto el calificativo debía ser *"divina"*. Si la princesa no es divina, entonces es el *'fuego el divino'*. Además dijo que la conjunción *"Y"* estaba demás en el verso."

Antonio: "Muy bien dicho y bien acertado. Pensé lo mismo, le falta concordancia de género: *'princesa'* es femenino y *'divino'* es masculino. Creo que el verso sería más claro usando una de las opciones que él te dio."

ToTTó: "El verso está perfecto. Simplemente, la *'princesa'* no es *'divina'*, ni el *'fuego es 'divino'*. Es por eso que uso la conjunción *'Y'*, que no está demás, todo lo contrario es necesaria".

Antonio: "Estás complicando las cosas como es tu costumbre."

ToTTó: "Eres tu que las complica, es tu mente que siempre anda husmeando la lógica. Los versos no tienen lógica. Te lo he dicho mil veces."

Antonio: "No te salgas por la tangente. Explícate."

ToTTó: "Tu mismo te lo explicarás si contestas estas preguntas."

Antonio: "Pregunta, pregunta."

ToTTó: "¿La palabra *'fuego'*, qué imágenes produce en tu mente?"

Antonio: "Calor, humo, cenizas, miedo, terror, agua, bomberos."

ToTTó: "Haz nombrado asociaciones, pero te faltó la más acertada que es *'Infierno'*. La princesa es:

'Princesa del Infierno'; 'Princesa de Fuego'."

Antonio: "Eso si es interesante. Entonces la palabra *'Divino'* se refiere al *'Cielo'*. Ella es también

'Princesa del Cielo', princesa de lo 'Divino'.

Es por eso que dices que la conjunción 'Y' es necesaria."

ToTTó: "Te felicito. Tu lo haz dicho. Así es. Tu mismo lo haz demostrado. Ella es, al mismo tiempo

'Princesa del Infierno y del Cielo' "

Antonio: "Princesa del 'Mal y del Bien'. Tiene sentido porque el 'Bien' no puede existir sin el "Mal" y no hay 'Infierno' si no existe el 'Cielo'.

¿Vez como todo es muy lógico?"

Los versos, las estrofas y los poemas tienen su lógica. No lo puedes negar."
ToTTó: "Lógicamente, me alegro que estés satisfecho."
Antonio: "Tu y tus bromas. Tienes una facilidad increíble de salirte con la tuya."
ToTTó: "El sentido del humor es el mejor sentido de los sentidos. Bien lo sabes. Algunas veces creo que a ti te falta. Ja. Ja. Ja.."
Antonio: "Pasando por alto tus carcajadas. Dime. ¿Cómo sigue tu poema?"
ToTTó: "Los versos que siguen, en la primera estrofa, explican como la princesa usa el poder que tiene, para jugar con el destino del santo."
Antonio: "Recítalos por favor."
ToTTó: "Este es siguiente verso:

"Lanza veloz, atravesaste al Sol en sus ocasos."

Antonio: "La princesa es la *'lanza veloz'* y el *'Sol'* es el destino del santo. ¿No es verdad? La lanza, al atravesar al Sol modifica el destino del santo."
ToTTó: "Estupendo tu análisis, no podía yo haberlo dicho mejor. Lo único que te falto es el tiempo."
Antonio: "Ya lo veo. El destino del santo fue cambiado cuando el Sol estaba en sus ocasos, cuando el santo era viejo."

ToTTó: "Viejo no, pero no era joven."

Antonio: "Está claro porque no dice cuantos ocasos. Si el santo no era joven, entonces había vivido gran parte de su vida, sin la intervención de la *'Princesa'*."

ToTTó: "Así fue en realidad. San Agustín cambió su estilo de vida, después de haberla vivido plenamente."

Antonio: "¿Cuáles son los versos que siguen?"

ToTTó: "Estos son versos que siguen:

'¡Hoy! Cruzaste el vibrar de mi destino,
agitando el mar de mi angustia feroz,
rompiendo mis amarras y mis lazos. '"

Antonio: "Explican el cambio que produjo la princesa en la vida del santo."

ToTTó: "Así es. El santo estaba listo para aceptar el cambio, cuando la princesa cruzo su destino."

Antonio: "Tienes razón. El santo estaba inmerso en su mar de angustia. ¿Por qué estaría así?"

ToTTó: "Según lo que cuenta en sus 'Confesiones', estaba hastiado de la vida fácil, no le producía la paz y calma que él ansiaba."

Antonio: "Una angustia metafísica y existencial. La necesidad que todos sentimos, lleva una vida algo más que simplemente: *'vivirla'*."

ToTTó: "Tu sabes más de eso que yo. Para mi, simplemente, el santo ya no encontraba *'belleza'* en la forma que vivía. Su angustia nació de la necesidad de crear, más que de la necesidad de dotar a la vida de una *'verdad existencial'*."

Antonio: "En eso nos diferenciamos. Tu con tu creatividad y tu belleza; yo con mi verdad existencial y la necesidad de tener 'FE', en algo más que nuestro simple 'vivir el momento'."

ToTTó: "Si, esa es una de las diferencias que nos separa y nos complementa. ¿No crees?"

Antonio: "Así es. Nos complementa y eso me gusta. Mira, me gustaría seguir analizando tu poema, pero la verdad es que me siento un poco cansado. ¿Que te parece si lo dejamos para el próximo diálogo?"

ToTTó: "Me parece estupendo. Yo también estoy un poco cansado. Agradezco tu paciencia y admiro tu don de escuchar, que es un arte difícil de conquistar."

Antonio: "Todos podemos aprenderlo y usarlo; es cuestión de practicarlo."

Fin del Diálogo

Antonio de Pórcel Flores Jaimes Freyre

Segundo Diálogo

Antonio de Pórcel Flores Jaimes Freyre

El Poeta, el Pintor de Poemas

y el

Escultor de Poemas

Antonio de Pórcel Flores Jaimes Freyre

El Poeta y el Pintor
Publicado en: Poemas de Un Bohemio
ISBN-10-153950382

ToTTó: *Artista Bohemio*
Antonio: *Filosofo Aficionado*

Tema
Poemas de Ricardo Jaimes Freyre
y de ToTTó

Ricardo: El Poeta Verdadero
como pintor
ToTTó: El poeta aficionado
como escultor

Introducción

Querido lector, estos diálogos son míos participan en ellos mis dos personalidades de Géminis de las que gozo. Son mas disquisiciones de tipo intimo, que sabias proposiciones de valor objetivo.

Las dos facetas de mi personalidad tratan de entenderse, usando como medio la conversación libre y el dialogo Socrático de preguntas y respuestas.

Antes de que empieces a leer estos escritos, nos permitimos darte un consejo o una sugerencia superficial, pero sincera. No los tomes en serio, ya que su valor es íntimamente subjetivo y su color cambia con la luz del momento.

Esperamos que te diviertan y te hagan sonreír; te pongan alegre y te hagan pasar un momento agradable.

Un abrazo de amigo
ToTTó

Antonio de Pórcel Flores Jaimes Freyre

TT.- ToTTó: Artista Bohemio
A.- Antonio: Filósofo Aficionado

Fecha: *12 de diciembre del 2003; 11 de la mañana, día de sol muy agradable.*
Lugar: "Peet's Coffee"

Sentados a una mesa en el patio interior de una de las cafeterías mas interesantes de San Diego, California. Saboreando un expreso y un capuchino.

Diálogo

A.- "Hola ToTTó ¿Cómo te sientes en esta linda mañana?"
TT.- "Mi querido Antonio que gusto de verte y poder dialogar contigo; ya vez como estoy: feliz y contento gozando de este clima celestial y ocupado con mis andares y proyectos".

A.- "Ya veo,

*'Sigues siendo como nunca has sido
y estás mejor donde no estas'.*

A.- "Yo también me alegro de verte y de pasar un momento agradable juntos."

A.- "Para empezar este diálogo quisiera que me cuentes como están tus proyectos. Sabes que despiertan en mi una curiosidad inescrupulosa."
TT.- "Lo haré con placer y con gusto. ¿Qué es lo que te interesa saber?"
A.- "Como tienes tantos proyectos, quizás sea mejor que me cuentes el último. ¿Qué hiciste ayer?"
TT.- "Lo último que hice fue escribir un carta electrónica a mi familia y amigos felicitándolos por la navidad. ¿Lo recibiste?"

A.- "Si, gracias por incluirme en la lista de tus mejores amigos. Es curioso que seamos amigos ya que pensamos y actuamos de maneras tan diferentes."

TT.- "El refrán dice que los polos opuestos se atraen, es una ley física y no una coincidencia. A mi parece que en realidad los polos opuestos 'se retraen'. (Ja. Ja. Ja.)"

A.- "!He! Un momento ToTTó, ese debía ser mi comentario y no el tuyo. Me estás tomando el pelo, como de costumbre."

TT.- "Nada de eso, hago un esfuerzo para ponerme a tu altura. Dime Antonio: ¿Qué te pareció mi Email?"

A.-   "Me pareció muy interesante que nos pongas al tanto de las cosas que haces, sobre todo de los poemas que escribes. Escribiste solamente la primera estrofa de tu poema. ¿Cuál fue tu intención, hacernos antojar?"

TT.-   "Te refieres a mi soneto inspirado en el de tío Ricardo. ¿Verdad?"

A.-   "Si, ese ya me lo habías leído antes. Justamente es acerca tío Ricardo que quisiera hacerte unas preguntas."

TT.-   "Pregunta lo que quieras, ya sabes que yo tengo una respuesta para todo. Es una broma. (Ja. Ja. Ja.)"

A.-   "Se que eres un bromista, todos tus amigos sabemos que eres muy bueno con las palabras y te gusta mucho jugar con ellas. Ahora, hablando en serio, una de las cosas que quisiera saber es: ¿Qué piensas de tío Ricardo como poeta y cómo te comparas con él?"

TT.- "Un momento mi querido amigo, primero, debo hacer una aclaración, (y está es casi en serio). No sueño y pretendo compararme con tío Ricardo."

"Verás, Ricardo Jaimes Freyre es un verdadero poeta, fue reconocido como un maestro de la poesía y del idioma, no sólo en su época, sino en todos los tiempos. En mi opinión, él es el mejor poeta Boliviano y uno de los mejores de la lengua castellana, hay muy pocos poetas famosos, que se acercan a su altura."

Yo. ¿Qué soy yo?

TT.- "Pecaría de vanidoso si me atrevería a llamarme *'Poeta'*. Sólo soy un aficionado a la poesía, que escribe poemas, pero que nunca ha escrito un verdadera *'Poesía'*."

"Tío Ricardo es el maestro, yo el aficionado, no hay comparación posible entre el coloso de la montaña y una dunita de arena perdida en una playa desconocida."

A.- "Modestia aparte, dirás. A ti te gustan los poemas que escribes: ¿No es verdad?"

TT.- "Claro que me gustan (quizás sea yo el único que gusta de ellos). Me gustan porque, simplemente, me divierto al escribirlos y al leerlos. Los escribo para mi y eso es lo más importante de mi arte, que es para mi."

Si hay alguien a quien también le gustan, me satisface y me pongo muy contento."

A.- "Perdona que insista, pero tu respuesta me parece evasiva. Es un juicio, una valoración subjetiva del valor de la poesía."

Una abstracción, no muy clara, de la relación entre la poesía (el arte) y la verdad. No entiendo lo que quieres decir con

¡*'Poesía Verdadera'*!

"Crees que existe una:

¿*'Poesía Falsa'*?"

TT.- "Ya te saliste por la tangente, como de costumbre. Claro que no hay poesía verdadera o poesía falsa. La poesía es poesía y nada mas."

"Lo que quiero decir cuando uso la palabra *'verdad'* es que hay poetas que son maestros del arte poético y otros que son aficionados. A estos maestros los llamo *'poetas verdaderos'* a los aficionados, si quieres, puedes llamarlos *'poetas falsos'*."

"La *'verdad'* que menciono no se refiere a la poesía como tal, sino a la maestría de poeta que la escribe."

A.- "Valga tu aclaración. Así es que tu te consideras un aficionado al arte, de la misma manera como yo me considero un aficionado a la filosofía."

Antonio de Pórcel Flores Jaimes Freyre

A.- "En este sentido estoy de acuerdo contigo: hay *los verdaderos filósofos*, que dicho de paso son muy pocos, y los aficionados."

TT.- "Celebro que nos entendamos, pero no tomes esta conversación tan en serio, pues lo que queremos hacer es divertirnos."

A.- "Mejor no hago caso de tus bromas y de tus innuendos. Sigo pensando que no me contestaste la pregunta y que eres tu el que te saliste por tangente."

TT.- "Quizás tengas razón, permíteme dilucidar un poco. Tío Ricardo es un maestro en el arte de pintar poemas, él es el pintor de la poesía. Su pluma es como la brocha, el pincel de los grandes maestros pintores. Usa las palabras para dar colorido a sus cuadros poéticos. En sus versos, las palabras juegan los colores, con la claridad y la obscuridad, los tonos de luz, el paisaje poético que el poeta pinta."

A.- "Es interesante lo que dices. ¿Podrías darme unos ejemplos, para que te entienda mejor?"

TT.- "No me será difícil hacerlo, cualquiera de sus poesías es un cuadro pictórico, con forma exquisita, colorido, tonalidad, luminosidad, perspectiva. Al leerlos y declamarlos tengo una sensación táctil de suavidad o rugosidad, una pintura al óleo, o una acuarela."

A.- "¿Puedes usar el soneto "Siempre" de Tío Ricardo, como ejemplo?"

TT.- "Haz escogido muy bien, pues es mi soneto preferido, para mi el mejor soneto que he leído. Veamos como Ricardo nos pinta el cuadro poético. Permíteme recitar la primera estrofa:

"Peregrina paloma imaginaria
que enardeces los últimos amores;
alma de luz, de música y de flores,
peregrina paloma imaginaria."

TT.- "Fíjate en el paisaje de invierno que nos pinta el poeta:

Sobre un fondo de nieve, vemos a una paloma blanca. Como ambos son de color blanco, se confunden en el horizonte. La paloma nos parece imaginaria."

TT.- "Esa paloma es luz (claridad), es música (sonido) y el flores (de varios colores), aviva con su llama candente a los últimos amores. La paloma es peregrina, va volando y se lleva con ella: la luz, la música y las flores."

"Te preguntarás:

¿A donde peregrina la paloma?

"La respuesta está en la segunda estrofa que dice:

> *"Vuela sobre la roca solitaria*
> *que baña el mar glacial de los dolores;*
> *haya a tu paso un haz de resplandores*
> *sobre la adusta roca solitaria."*

"¿Notas como el maestro sigue pintando en cuadro poético que empezó en la primera estrofa?"

A.-   "Creo que si hago un esfuerzo lo veo. Déjame probar.

"Veo la roca a lo lejos en perspectiva en medio del mar glacial y a la paloma que, apenas si se distingue, va volando sobre ella."

"Dudo si es una paloma en realidad o es simplemente una sombra de mi imaginación."

Veo el mar glacial blanco, frío y quieto que no se mueve, como si estuviera solidificado por los dolores y sin embargo, este mar quieto baña la roca solitaria."

A.-   "Para ti, tío Ricardo es un poeta que pinta poesía. Muy interesante. Pero tu bien sabes que la pintura, por magistral que sea, solamente nos muestra dos dimensiones: el largo y ancho. El uso

de la perspectiva nos da la ilusión de profundidad, pero no es realmente la tercera dimensión. ¿No te parece?"

Antonio de Pórcel Flores Jaimes Freyre

A.- "Es un paisaje de invierno, me haz convencido."

TT.- "Lo magistral de la pintura, es que con sólo con dos dimensiones, representa al mundo tridimensional. El verdadero arte plástico está en tener el talento, para reducir el mundo real de tres a dos dimensiones, conservando la ilusión de la realidad."

"En poesía, esta habilidad es aún más magistral, si tienes en cuenta que la palabra sólo tiene una dimensión: la profundidad."

"Ricardo, pintándonos un lindo paisaje en su poesía, usa la palabra para pintar un cuadro poético, añadiéndole el espacio, su poesía tiene largo y ancho."

A.- "Realmente tienes una manera especial de conversar, tus ideas, que no se de donde te salen, poseen algo de novedoso."

"Ese concepto de la profundidad que atribuyes a la palabra es nuevo para mi, tendré que pensar en él antes de poder comprender lo que quieres decir."

¿Podrías ahora hablar un poco de tus poemas en referencia a esta dimensión?"

TT.- "No creo ser la persona apropiada para hablar de mis poemas. Si insistes, diré lo que se me ocurre. No lo tomes en serio, lo hago solamente para pasar un momento agradable contigo."

A.- "No te preocupes, hace tiempo que aprendí a no tomarte en serio."

TT.- "¿Tienes una pregunta más especifica que guíe mis pensamientos?"

A.- "Claro que si, ya sabes que siempre tengo preguntas y casi nunca respuestas, acuérdate que soy un filosofo aficionado."

"Esta es mi pregunta:

"¿Te consideras un pintor de poemas?"

TT.- "No. No tengo el arte magistral de tío Ricardo, la verdad es que muy pocos poetas lo tienen. Es diferente usar la palabra para escribir, a usarla para pintar."

TT.- "Ahí tienes por ejemplo, al famoso Unamuno que, en sus Visones y Paisajes Españoles, nos describe el paisaje español en forma magistral. Pero él no pinta ese paisaje como tío Ricardo pinta el cuadro de la selva en su poema: 'Cristo'."

"¿Te acuerdas de esa poesía?"

A.- "Si me acuerdo, fue el primer poema que aprendí, cuando tenia cinco años, siempre lo recitaba el Papá Jaime. Empieza así:

"Selva espesa. Pasa el viento
sollozando entre las hojas;
incendian el firmamento
sangrientas serpientes rojas;"

TT.- Si, está es la primera estrofa. Fíjate como tío Ricardo pinta el paisaje, con pinceladas suaves pero profundas, de la selva peligrosa e inhospitalaria."

"La verde y espesa selva, llena de peligros, donde hasta el viento llora. En ella no hay nada más que hojas. Es la hora del atardecer, cuando el sol se entra a descansar y el cielo lo despide mostrándole sus mejores colores, hasta las nubes nos muestran el peligro de la selva."

A.- "¿Porque dices *'selva verde'* si el poeta no usa la palabra *'verde'* en su poesía?
TT.- "La palabra *'verde'* no es necesaria, está implícita del color del cuadro, usarla en el poema seria redundante."
A.- "Realmente como tu lo haz dicho, Ricardo es magistral. Pero esa no es la respuesta a mi pregunta acerca de tus poemas."
TT.- "Tienes razón, veremos si me acuerdo tu pregunta. Quieres saber que pienso de mis poemas con referencia a las dimensiones del mundo y a la poesía de tío Ricardo. ¿No es verdad?"

A.-   "No te pregunté exactamente así, pero tu lo haz puesto en una mejor perspectiva, sigue adelante con tu respuesta."

TT.- "Considero a Ricardo un magistral pintor de poesías, mientras yo trato se esculpir mis poemas. Ricardo es el pintor maestro, yo soy el escultor aficionado."

A.-   "Ahora si que me perdiste, tendrás que aclarar lo que quieres decir."

TT.- "Mira, no es tan complicado como crees, tu tienes la habilidad de complicar las cosas y de complicarte la vida por el puro gusto, por eso piensas que eres un filosofo."

A.-   "Un filosofo aficionado dirás, valga la aclaración. Si eso dicen los que me conocen, que me cuesta trabajo ver las cosas simples como realmente son. Por eso mismo necesito tu aclaración para ver lo simple de la vida."

TT.- "Creo que con un ejemplo, puedo explicar, porque pienso que soy un escultor aficionado, cuando escribo mis poemas. Esta es la primera estrofa de mi soneto:

"Amor de Poeta en Agonía"

A.-   "Ese es el soneto que escribiste inspirado en: *'Siempre'* el soneto de tío Ricardo. ¿No es verdad? Me acuerdo de él porque es uno de mis preferidos, empieza así:

> *"Peregrina paloma solitaria,*
> *amor de un poeta en agonía;*
> *volaste, dejando su alma vacía,*
> *peregrina paloma solitaria."*

TT.- "Me haces sentir importante, (Ja. Ja. Ja.). Fíjate en la escultura que he tratado de cincelar en esta estrofa, el volumen, el peso, la materia que ocupa un lugar en el espacio."

A.-   "Me parece ver tu escultura, trataré de interpretarte, déjame ver si puedo."

"La paloma ya no está en el nido, se fue volando, dejando al poeta su alma vacía, postrado en su lecho de agonía. La paloma es símbolo del amor. La paloma, que era su amor, voló y ahora es: 'peregrina y solitaria'."

A.-   "¿Qué te parece?"
TT.-   "Me gusta tu interpretación, pero no está completa, le falta la tercera dimensión que define la escultura."
TT.-   "Notaste que en esta estrofa no hay pintura, no hay color, no hay luz, sombras ni perspectiva."
A.-   "Si dices que a mi interpretación le 'falta la tercera dimensión': ¿Cómo la interpretarías tu?"
TT.-   "La dimensión de profundidad o de volumen, está reflejada en el énfasis que da el poema a la situación solitaria de la paloma, casi ignorando su vuelo, que pertenece al paisaje espacial."
"También se refleja en la '*agonía*' del poeta, que quedó con el '*alma vacía*'. Lo que implica que, cuando la paloma estaba en el nido, el poeta tenia el alma llena de amor."
"El volumen de la escultura está representado implícitamente en la polarización: de lo solitario a lo acompañado, de lo vacío a lo lleno. El alma del poeta que estaba llena ahora está vacía; la paloma que estaba acompañando al poeta, ahora está solitaria."
A.-   "Es decir, que tu no te crees un pintor de poesía, sino que te consideras un escultor de poemas. Usas tu pluma como un cincel y el papel como el mármol y golpe a golpe, modelas tus versos y tus estrofas."
TT.-   "La verdad es no lo había pensado, así, en detalle, pero creo no estas completamente equivocado. ¿Te acuerdas de mi poema?:

"*Princesa de Fuego y Divino*"

A.-   "Si, me acuerdo de él y de la discusión que tuviste con tu amigo Gilberto Díaz Chanona."

A.- "Gilberto decía que el titulo tenia un error pues debía ser: *'Princesa de Fuego y Divina'*, a lo cual tu respondiste que no era la princesa la divina, sino que ella representaba simultáneamente al fuego y a lo divino, a lo sobrenatural."

TT.- "Que buena memoria tienes. Gilberto edita mis poemas de vez en cuando, él es un excelente manejador del idioma, sobretodo de la ortografía, que es mi calvario."

":No se cuando una letra se usa en vez de otra, ya que las dos suenan lo mismo, para mi la *'vaca'* o la *'baca'* las dos dan leche blanca."

A.- "¿Por qué te acordaste de tu poema?"

TT.- "Porque varios de sus versos implican volumen y profundidad, encarcelamiento si es que prefieres. Sobre todo los siguientes versos de dos diferentes estrofas:"

"... ya mis uñas se cansaron de arañar
la pared del cemento que me enjaula, ..."

"... esa cruz que revienta mi cabeza,
esos clavos empotrados en mi espalda..."

A.- "Tienes razón pues tus versos son puro volumen y en este caso parecen ser de un escultor o de un arquitecto. Me acuerdo que, en esa ocasión, Gilberto también te dijo que no era correcto decir: *'la pared'*, sino que debía decirse: *'las paredes'*."

Tu le contestaste que la vida tiene una sola pared. ¿Te acuerdas?"

TT.- "Que buena memoria tienes, yo no me acordaba de ese detalle. Lo de arquitecto parece que le viene al caso."

A.- "Gracias, no sólo por tu último comentario sino también por toda esta conversación, de lo mas interesante para mi."

"Así es que podemos concluir diciendo que tío Ricardo es el magistral pintor de poesías y tu eres un aficionado escultor de poemas."

"¿Te parece?"

TT.- "Creo que es esa una conclusión satisfactoria, al menos para mi lo es."

TT.- "Gracias a ti por el buen rato que me hiciste pasar. Te deseo mucha suerte y felicidad hasta la próxima oportunidad que tengamos de juntarnos a dialogar. En la próxima, yo seré quien haga las preguntas: ¿De acuerdo?"

A.- " Por supuesto, la próxima vez a mi me toca ser el maestro y a ti el alumno. Esta es una broma como las tuyas (Je. Je. Je.). Entonces nos despedimos hasta la próxima vez."

Fin del Diálogo

Antonio de Pórcel Flores Jaimes Freyre

Tercer Diálogo

Antonio de Pórcel Flores Jaimes Freyre

La Calidad Subjetiva de un Poema

Antonio de Pórcel Flores Jaimes Freyre

La Calidad Subjetiva de un Poema

El Método Subjetivo de ToTTó
para estudiar la calidad poética de un poema.

Introducción

Antonio y ToTTó continúan su dialogo sobre el tema:

"La Escala de ToTTó para valorar "La Calidad Poética de Un Poema".

Antonio sugiere continuar la explicación del método de ToTTó tomando en cuenta las relaciones que existen entre los versos y las estrofas. También quiere continuar el análisis del soneto de ToTTó titulado:

"Tu y El Más Allá"

Diálogo

Antonio empieza el dialogo:

A.- "Que bueno verte y conversar contigo. Esta es una oportunidad para seguir con nuestro dialogo y que me sigas explicando tu método para valorar la calidad poética de un poema y para continuar el análisis de tu poema. En nuestro anterior dialogo solo pudimos analizar la primera estrofa. ¿Te acuerdas?"

T.- "Un placer para mi sentarnos a conversar. Me satisface tu interés en mi método y en el análisis de mi soneto. Te agradezco porque me das la oportunidad de pensar más detalladamente y poner mis ideas en orden. Si me acuerdo que en nuestro dialogo anterior tratamos de pasada el tema de la valoración de la calidad poética tomando en cuenta las relaciones e interrelaciones de los versos y de las estrofas. ¿Podrías hacer un corto resumen?"

A.- "Claro que si, lo último que dialogamos fue el análisis de unos versos que tu escribiste, mostrándome como versos sueltos, aunque sean de calidad poética en si mismos, no tienen mucho que aportar poéticamente al contenido de la estrofa."

Antonio de Pórcel Flores Jaimes Freyre

A.- "Decías que si no se relacionan con otros versos en la estrofa es posible que no pertenezcan a ella y que, en cualquier caso, podrían formar una estrofa separada en si mismos."

T.- "Dices bien. Terminamos con el análisis de esos versos y haciendo un pequeño cambio en el ultimo de ellos, pudimos establecer las relaciones necesarias para formar una estrofa con ellos."

A.-"Así fue y me prometiste que continuáramos ese dialogo. Ahora tenemos para oportunidad de hacerlo. Me gustaría que describas con mas detalle las relaciones entre los versos de una estrofa. ¿Qué te parece?"

T. "Me parece buena idea."

A.- "He estado pensando en las relaciones entre los versos y llegado a la conclusión de que un verso puede tener dos clases de relaciones con los otros versos. La primera clase es la "Relación de Intra-Estrofa", en la cual el verso se relaciona con otros versos, dentro de una estrofa. La segunda clase es la "Relación Inter-Estrofa" en la cual el verso se relaciona con versos, fuera de la estrofa."

T.- "De manera que un verso puede relacionarse con otros versos que están dentro de la estrofa y fuera de la estrofa, es decir en otras estrofas. ¿Quieres decir que los versos cuyas relaciones son de Inter-Estrofa sirven como conexión entre las estrofas, a una manera de puente que une una o mas estrofas?"

A.- "Es una buena manera de describir las Inter Relaciones de los versos. En muchos casos, el poeta utiliza el mismo verso o un verso muy similar para solidificar está conexión."

T.- "Estas tratando de clasificar estas interrelaciones y como sabes la taxonomía no aporta mucho al estudio de juicios de valor. Hablando de una manera objetiva, te doy la razón. Pero no se trata de eso, estamos estudiando la manera de juzgar estas relaciones desde el punto de vista subjetivo. Es decir que interesa saber si una interrelación, te gusta o no te gusta, cualquiera sea su clase. Creo que es este sentido, podemos aplicar el método y la escala tal como lo hicimos valorando los versos aislados."

A.- "No estoy completamente convencido de que se pueda prescindir de las clases de interrelaciones entre los versos, pero seguiré tus argumentos y ver que resulta."

Por favor, analiza de las interrelaciones de los versos de la primera estrofa de:

"Tu Y El Más Allá"?

T.- "Por favor escribe la primera estrofa de este sonetillo?"

A.- "La escribiré con la valoración que hicimos de los versos aislados, sin tomar en cuenta sus relaciones. Fíjate que los números entre paréntesis, representan:

> 1.- El Valor Subjetivo de la Calidad
> del Verso (**VSCV**).

> 2.- El Valor Subjetivo de la Calidad
> de una estrofa (**VSCE**).

Esta es la primera estrofa:

Tu y El Más Allá
Poema de ToTTó

Dejaré deambular en mi, tu vida,
(**VSCV=5**)
tu sudor, de alboradas a ocasos,
(**VSCV=4**)
tu semilla en mi ego concebida,
(**VSCV=4**)
siembra de la nada, en tus abrazos.
(**VSCV=4**)

T.- "Que bien que hayas escrito los valores subjetivos que les asignamos, pues la verdad es que yo no me acuerdo cuales eran. ¿Puedes escribir la escala de valores, para tenerla a mano?"

Antonio de Pórcel Flores Jaimes Freyre

A.- "Esta es la escala que usamos:

1 = "Simplemente me gusta y no se porque."
2 = "Me gusta mucho, me hace pensar."
3 = "Me gusta muchísimo, me emociona."
4 = "Excelente, evoca sentimientos profundos."
5 = "Sublime, me trasporta a un mundo poético."

T.- "El primer verso tiene una relación inmediata con el segundo y el tercero. Estos dos versos, que le siguen, explican en mas detalle el *"Deambular"* de la amada en la vida del protagonista. La interrelación entre estos tres versos es "descriptiva". El cuarto verso explica el efecto del amor sembrado por la amada en sus abrazos, que se ha convertido en nada. La interrelación de este verso con los tres anteriores es "explicativa"."

A.- "Haz definido la clase de interrelaciones entre estos versos. Una de ellas dices que es "descriptiva" y la otra "explicativa. Pero me acabas de sugerir que la clasificación de los versos aporta nada a la valoración subjetiva de la calidad de la estrofa. ¿Podríamos asignar valores subjetivos a estas dos clases de relaciones?"

T.- "No creo que eso sea posible, al menos por el momento. Estas dos clases de interrelaciones no son las únicas que se pueden encontrar entre los versos de un poema. Además, como te dije, opino que no hay diferencias cualitativas entre las posibles clases de interrelaciones. Es decir, una interrelación "descriptiva" no vale mas y ni menos que una "Explicativa". Ambas forman la estructura poética de la estrofa y no se puede prescindir de ninguna de ellas sin destrozar la estrofa."

A.- "Tu clarificación es importante, sin embargo: ¿Crees que es posible asignar valores de tu escala a estas interrelaciones? Es decir, juzgar si y porque una interrelación te gusta o no te gusta."

T.- "Podemos asignar valores subjetivos a las interrelaciones que tiene un verso, sin tener en cuenta si estas interrelaciones se dan dentro o fuera de la estrofa o sin de una clase o de la otra."

A.- "Crees que sería útil asignar dos valores a las interrelaciones de cada verso: uno que representa el valor subjetivo de la calidad poética de sus interrelaciones dentro de la estrofa; y el otro el valor subjetivo de la calidad poética de sus interrelaciones dentro del poema. ¿Que te parece?"

T.- "Asignar dos valores, me parece un poco complicado. No veo que se gana asignando dos valores, que creo deberán ser, sino iguales, bastante similares. Un valor es mas que suficiente, no importa que tipo de interrelaciones se está juzgando."

T.- "Las preguntas a contestar son: ¿Está este verso relacionado con los otros versos del poema: si o no? Si lo está, ¿Cuán importante es esta relación con referencia al tema de la estrofa? Es decir, ¿Se podría prescindir de este verso y dejar el tema de la estrofa intacto?"

A.- ¿Me estás diciendo, sutilmente, que no se puede o no crees que se pueden usar los valores de tu escala para emitir juicios subjetivos de valor acerca de las relaciones entre los versos de un estrofa?"

T.- "Si y no tan sutilmente como tu crees. Los valores de mi escala subjetiva se aplican a los versos por si mismos, pero para juzgar la calidad poética de sus interrelaciones creo que necesitamos una escala diferente."

A.- "Bien, si tu lo dices tu tienes que demostrarlo. ¿Qué clase de escala subjetiva propones?"

T.- "Tenía la esperanza de seas tu el que propone esta nueva escala."

A.- "Que chistoso que eres. Lo más difícil se lo echas al hombre del vecino y te sales del paso contento y cantando victoria. Pero verás que no me acobarda la idea. Déjame pensar en voz alta."

A.- "Dijiste que dicha escala tendría que evaluar la calidad de las interrelaciones de los versos desde el punto de vista de su importancia y de su contribución a claridad poética del tema de la estrofa. ¿No es verdad?"

T.- "Esa fue la idea y me parece un punto excelente, pues abre el campo a la reflexión."

A.- "Reflexión es lo que falta en la mayoría de los casos., parece que nos cansamos fácilmente con la flexión y no nos quedan fuerzas para la reflexión."

Antonio de Pórcel Flores Jaimes Freyre

T.- "Bien, ahora te toca crear tu escala de valoración subjetiva, con referencia a las interrelaciones de los versos en una estrofa."

A.- "Ni vuelta que darle. ¿No es verdad?. Yo que creía que me libraría de esta faena. Veamos : Mi escala está basada en la importancia subjetiva que uno adhiere a la relación de un verso con los otros versos y a su contribución al tema de la estrofa, tal como tu lo acabas definir."

T.- "Acepto en principio que tus dos parámetros de valoración son buenos: la importancia poética de la relación y su contribución al tema estrófico. Pero necesito una aclaración: ¿Estas tratando de crear una escala que combina estos dos parámetros, o de dos escalas diferentes, una para cada parámetro?"

A.-"Tu pregunta es muy buena y yo mismo necesito de la aclaración. ¿Puedes ayudarme un poco?"

T.- "Quizás, ya veremos. Una escala para los dos parámetros me parece complicada pues no veo claramente la forma de emitir dos juicios de valor haciendo de ellos uno solo. Creo que si la relación es importante debe necesariamente contribuir al tema eutrófico, si no lo es no creo que pueda contribuir. Por esta razón sugiero utilices una sola escala y un solo parámetro, sea este la "Importancia" o la "Contribución" de la relación."

A.- "Me haz convencido una vez mas, acepto tu argumento. Creo que puedo combinar estos parámetros de la siguiente manera: si la interrelación contribuye a la calidad poética de la tema eutrófico, es una relación importante; si no contribuye, no es una relación importante. ¿Qué te parece?"

T.- "Es una buena idea. ¿pero no crees que existen grados de importancia, una mayor o menos contribución? Una interrelación que claramente mejore la calidad poética del tema estrófico, comparada con otra interrelación que apenas lo haga."

A.-" Estás sugiriendo valores de la escala que indiquen la valoración subjetiva de "cuán importante es la interrelación con respeto al tema eutrófico?"

T.- "Algo parecido a eso, una escala que nos de un poco más que un "si contribuye", "no contribuye"."

A.- "En este sentido, creo que mi escala debe tener cinco (5) valores, como la tuya. El valor de cinco (5) indica la más alta calidad poética de la interrelación, mientras el valor de uno (1) indica una calidad poética aceptable y que puede ser mejorada. ¿Te parece un buen comienzo?"

T.- "Si, podemos tratar y experimentar con ella para ver como funciona. Ya sabes que la valoración de la calidad poética, aunque sea subjetiva, debe tener cierta base experimental que le de una "razón de ser" y la convierta en una medida, no solamente aceptable sino también confiable."

A.- "¡Qué bueno! Ahora te estás metiendo en mi campo, hablando de la "confiabilidad" y la "validez' de la medida. No si lo haces para darme ánimo o para demostrarme que tu también sabes algo de eso."

T.- "Te he oído hablar tanto de estos conceptos técnicos que algo se me ha quedado."

A.- "Me alegro, yo que creía que estaba regando el desierto y ahora encuentro un oasis. JA JA JA. Sigamos con la creación de mi escala. Propongo que usemos los siguientes valores subjetivos:"

1 = *"La relación contribuye un poco, no se porque"*
2 = *"La relación contribuye bastante, me gusta."*
3 = *"La relación contribuye mucho, me gusta mucho."*
4 = *"La relación es excelente, sumamente buena."*
5 = *"La relación es imprescindible."*

T.- "En principio me parece que estos valores están bien."

A.- "¿Qué te parece si continuamos con el al análisis del las interrelaciones de los versos en la primera estrofa. ¿Qué valores les asignas a las interrelaciones del primer verso de esta estrofa?"

T.- "Me parece bien. A cada uno de los cuatro versos de esta estrofa les asigno el valor subjetivo igual a 3 porque la relación contribuye y me gusta mucho."

A.- "Solamente el valor de 3. ¿No te parece un poco bajo? Dices que lo asignas por que "la relación contribuye y me gusta mucho."

Antonio de Pórcel Flores Jaimes Freyre

A.- "En mi opinión, doy a cada verso, los siguientes valores:"

"Tu y El Más Allá"
Poema de ToTTó

Dejaré deambular en mi, tu vida,
Relación imprescindible (**VSCV=5**)

tu sudor, de alboradas a ocasos,
Relación imprescindible (**VSCV=5**)

tu semilla en mi ego concebida,
Relación sumamente buena (**VSCV=4**)

siembra de la nada, en tus abrazos.
Relación sumamente buena (**VSCV=4**)

T.- "¿Cómo justificas esos valores?"
A.- "Como la valoración es subjetiva, en realidad no necesito justificarlos. Sin embargo, haré la prueba de darte razones personales y superficiales."
T.- "Anda. Dale."
A.- "La relación del primer verso con el segundo verso es Imprescindible (5) porque el segundo verso completa, metafóricamente, al primer verso:"

"deambular" – "de alboradas a ocasos"

"El amante debe estar cansado de deambular todos los días, Es probable que esté:

"sudando".

T.- "Interesante tu observación."

A.- "La relación del tercer verso con el cuarto es "Sumamente buena" (4) porque el tercer indica para que sirve la semilla:"

"tu semilla -- siembra de la nada"

T.- "Haz justificado correctamente tus valores. A mi no se me ocurrió analizar sus "Dimensiones Semánticas" y como se relacionan entre cada verso."

A.- "Creo que no se ocurrió hacerlo porque te vez un poco cansado. ¿Qué te parece si seguimos este dialogo en otra oportunidad?"

T.- "Tienes razón. Estoy un poco cansado. Tu idea es buena. Seguiremos este dialogo en otra ocasión. Gracias por regalarme tu valioso tiempo."

A.- "A ti las gracias por darme la oportunidad de conversar contigo y de pasar un momento muy interesante."

T.-"Hasta la próxima. . ."

A.- "Vete con Dios. . ."

==========

Fin del Diálogo

Cuarto Diálogo

Antonio de Pórcel Flores Jaimes Freyre

La Dimensión Semántica de un Período Prosódico en Poesía

Antonio de Pórcel Flores Jaimes Freyre

La Dimensión Semántica
de un Período Prosódico
en Poesía

Introducción

El tema de este diálogo es un análisis de la los varios niveles semánticos que posee un Período Prosódico (PP) en un verso.

En la teoría Poética de ToTTó, el PP es el elemento básico (el átomo si se quiere) del verso. No existe un verso si no tiene, por lo menos, un PP.

El PP está formado por una o más palabras, cuyas características poéticas son las siguientes:

1.- El Ritmo.
2.- La Cadencia Musical.
3.- La dimensión Semántica.
4.- El Impacto Emotivo.

Estas cuatro características están explicadas en detalle en el Primer volumen de su libro titulado: "Poética del Período Prosódico", publicado en Amazon. (ISBN-13:978-1532983376)

Como es costumbre, este diálogo se desarrolla a la manera Socrática. Es decir, está basado en preguntas y respuestas. Generalmente es Antonio quien hace las preguntas y ToTTó trata de contestarlas lo mejor que puede.

Características de los Personajes

Antonio es la representación del espíritu Apolíneo, en la constitución astrológica del autor que pertenece al signo de los mellizos: Gémini.

Es un personaje serio, dedicado a la investigación histórica y filosófica. Su mente es completamente lógica. Ve la realidad ontológica, tal como se le presenta en el momento dado. No tiene muy bien sentido del humor y toma la vida bastante en serio.

Los valores principales para Antonio son: la verdad, la justicia, ... y lo santo

ToTTó es la representación del espíritu Baquiano, un artista que no toma la vida en serio. Su mundo es bohemio dedicado, casi por entero a la creación imaginativa, que cambia a su antojo, la realidad ontológica del momento.

Los valores principales para ToTTó son: la belleza, la justicia, ... y lo santo

Diálogo

A.- "Hola ToTTó. Gracias por llegar a tiempo. Te vi entrar y ordené los cafés; el capuchino para ti y negro para mi. Acá esta la leche condensada que usas para a endulzarlo."

T.- "Hola Antonio. Gracias por tu amabilidad. Ya vez que de cuando en vez, llegó a tiempo. Me estás enseñando a respetar el tiempo ajeno. Me es difícil practicar esa gran virtud. No conozco a alguien, (fuera de tu amable persona) que respete el mío."

A.- "¿No te parece un poco exagerado lo que dices?"

T.- "Muy exagerado, eso es lo que pienso. Pero dejemos de lado este tema, si te parece."

A.- "Me parece bien. Es hora que empecemos a gozar de nuestro diálogo."

T.- "Estoy de acuerdo. ¿Cuál es el tema que quieres que tratemos?"

A.- "Quisiera que me expliques, más a fondo, lo que estabas explicando ayer, acerca del Período Prosódico, en tu taller. Específicamente, los niveles de la dimensión semántica del PP. ¿Que te parece?"

T.- "¿Ayer? Pues fíjate, no me di cuenta de tu presencia en mi clase. ¿Dónde estabas oculto?"

A.- "No estaba oculto. Tu estabas muy ocupado. Me senté al fondo de la sala. escuchando con toda atención. Me pareció sumamente interesante y novedoso lo que estabas enseñando."

T.- "A mi me pareció sumamente básico y sencillo."

A.- "Tu como siempre. Todo lo complicado lo vuelves sencillo. Crees que tus alumnas lo entiende a pie juntillas. Pues, no es así. Lo que explicaste es muy complicado. Claro está que tienes el don de explicarlo sencillamente."

T.- "Creo que estás exagerando. Pero como Papá Jaimes lo decía."

"Es más fácil usar lenguaje complicado para explicar cosas sencillas. Lo difícil es usar lenguaje sencillo para explicar cosas complicadas."

A.- "Me acuerdo que él decía eso. Tenía toda la razón. Tu eres un genio para hacer lo que él pensaba era difícil."

T.- "Me alegro que hayas escuchado mi disquisiciones. Pero no me acuerdo haber mencionado *"niveles de la dimensión semántica"*."

A.- "No lo mencionaste explícitamente. Es la forma como yo lo he entendido. Ya sabes que me gusta ordenar mis ideas de una forma lógica."

T.- "Eso si lo se bien. Tienes alguna pregunta concreta acerca de esos *"nivéleles"*?"

A.- "Claro que si. No una, tengo muchas. Sin embargo, si me lo permites, quiero empezar haciendo un corto resumen de tu clase."

T.- "No necesitas mi permiso para hacerlo. Empieza, por favor."

A.- "Víctor leyó su poema. Tus alumnas escribieron el primer verso. Cada una de ellas identificaron los PPs del primer verso."

T.- "¿Te acuerdas cual era ese verso?"

A.- "Este era el primer verso:"

"Estás cansado . . ."

A.- "Analicemos los niveles de la dimensión semántica de la palabra *"cansado"* del primer período prosódico."

T.- "Otra vez mencionas esos "niveles", de los cuales no me acuerdo haber hablado."

A.- "Explicaste lo que significa la palabra "cansado" explícitamente" (lo que dice el diccionario: fatigado, exhausto, etc. etc..); implícitamente (lo que se puede entender "entre líneas", como ser: destrozado anímicamente; rendido, sin esperanzas, desalentado, etc. etc..; y metafóricamente. es una buena explicación."

T.- "Me complace que te haya parecido: "una buena explicación." ¿Pero, cuál es tu pregunta?"

A.- "Luego preguntaste: ¿Quién escribió ese verso. Fue un hombre o una mujer?"

"Todas dijeron que lo escribió Víctor, un hombre. A lo que tu respondiste que no se trata de género del poeta o de la poetiza. sino que se trata de los personajes representados en el verso."

T.- "Recuerdas mejor. Pero, sigo esperando tu pregunta."

A.- "Está es una de mis preguntas:"

¿Que quieres decir con: "los personajes que representa el verso"?"

T.- "Ya veo. Interpretas esos personajes como 'niveles". Cuando pregunté ¿quién escribo el verso?, me refería al dimensión semántica de la palabra **"cansado"**. Esa palabra es masculina, lo que explícitamente indica que es uno de los personajes del verso es un hombre."

A.- "Eso está claro. El que está cansado es un hombre. Estamos de acuerdo. Pero ese hombre no es quién escribió el verso. ¿No es verdad?"

T.- "Parece ser un hombre."

A.- "¿Quién puede ser ese hombre?"

T.- "Hay, por lo menos, tres (3) posibilidades."

A.- "Me haz perdido. ¿Cuáles son esas tres posibilidades?"

T.- "La primera es que el verso se refiere al poeta que lo escribió: poeta es hombre."

A.- "Quieres decir que el poeta está hablando de si mismo. Haciendo una introspección. Dices que el hombre que está **cansado** es el mismo poeta. ¿Verdad?"

T.- "Tienes razón, esa es la primera posibilidad. No podría haberlo dicho mejor."

A.- "¿Cuál es la segunda posibilidad?"

T.- "La segunda posibilidad es que se trate de dos (2) hombres."

A.- "Déjame pensar. . . Un hombre, hablando a otro hombre. El primer hombre le dice al otro que está cansado. Dos amigos conversando. Un padre hablando a su hijo. Un hijo hablando a su padre. Un profesor hablando a su alumno. Veo que hay muchas posibilidades."

T.- "Así es. Cada una de ellas representa un dimensión semántica diferente."

A.- "Creo que tienes razón. dos amigos hablan diferente que un padre a su hijo y así sucesivamente."

T.- "Así es. El verso puede ser declamado y/o actuado en forma diferente, de acuerdo con la interpretación de la dimensión semántica de esa palabra."

A.- "¿Déjame adivinar cuál es la te posibilidad."

T.- "Adivínala."

A.- "En el verso pueden actuar dos personajes, una pareja. Una mujer hablando a un hombre."

T.- "Lo adivinaste bien."

A.- "Hay también muchas opciones. Una madre hablando a su hijo; una esposa hablando a su esposo; una amiga hablando a su amigo; etc. etc.."

A.- "¿Ves ahora? Esos son los "niveles". Un sinnúmero de posibilidades de interpretas la dimensión semántica de un PP."

T.- "Si ahora si lo veo. Tu con tu lógica, lo organizas todo muy bien y en una forma muy práctica. Muy interesante tu clasificación."

A.- "Me complace que lo tomes de esa manera. Con tu explicación de los niveles, creo haber entendido la importancia de la pregunta que hiciste a tus alumnas:"

¿Quién escribió este verso, una hombre o una mujer?

T.- "Así es. Esa pregunta no sólo es muy práctica, sino que es esencial en el análisis de un PP."

A.- "¿Es parte de tu método que usas en el análisis poético?"

T.- "Si, es una parte muy importante en mi método de análisis poético.

A.- "¿Como llamaste a tu método?"

T.- "Lo llamo: "Anatomía Poética""

A.- "Interesante el nombre que le haz puesto:"

"Anatomía Poética"

Antonio de Pórcel Flores Jaimes Freyre

A—"Parece que te consideras un cirujano del poema. Con el bisturí del lenguaje, estudias la estructura poética de cada período prosódico, de cada verso, de cada estrofa, de cada Canto y del poema. Es decir, la Dimensión Semántica."

T.- "Muy interesante tu metáfora del "cirujano poético".

A.- "¿Cuál es, (en tu opino), el benefició de hacer una "anatomía poética?"

T.- "Creo que esa pregunta la puedes contestar tu mejor que yo.

A.- "Ja. Ja. Ja." Tu con tus bromitas, tratando de tomarme el pelo, como acostumbras. Sin embargo, trataré de contestarla. Acepto tu desafío."

T.- "No te rías tan pronto. Anda, aviéntate."

A.- "En tu taller de poética, no tratas de enseñar como escribir poemas. Piensas que no se puede enseñar a escribir poemas. Crees que ese es un talento personal y que los poemas se sueñan. Al menos eso es lo que me explicaste en un diálogo anterior."

T.- "Si creo que de eso conversamos anteriormente. Pero esa no es la respuesta."

A.- "Espera un poco. Si no enseñas a escribir poemas: ¿Qué es lo que enseñas? Esa es realmente la pregunta. ¿No te parece?"

T.- "Esa es una muy buena pregunta. ¿Tienes la respuesta?"

A.- "Creo que eres tu quien debe responder a esa pregunta."

T.- "Tiene razón, pero eso no tiene chiste, pues se bien la respuesta y no necesito repetirla. Tu, deja tu imaginación volar libremente y encontrarás tu propia respuesta."

A.- "¿Que te puedo decir? Eres un bohemio empedernido. siempre tratando de hacer pensar a la gente. Te diviertes haciéndolo."

T.- "¿Y tu respuesta?"

A.- "Déjame probarlo. Un cirujano práctica anatomía para conocer el cuerpo humano y descubrir donde se halla el tumor maligno. "Con su técnica puede extirpar el tumor y curar al enfermo."

A,- "Un poeta práctica anatomía poética, a fin de "conocer a fondo la estructura de un poema, y así poder más fácilmente, encontrar las palabras que sobran en un PP, que sólo sirven de lastre y le quitan fuerza poética al PP. Luego extirpa esas palabras, mejorando de esta manera el PP y el poema."

T.- "¡Bravo! Tu metáfora es estupenda. La anatomía poética es una técnica que sirve para hacer el análisis poético. Practicándola se adquiere, inconscientemente, la habilidad escribir mejores PPs, versos, estrofas y poemas."

A.- "Si me permites, ahora quiero hacerte unas preguntas sobre el tema relacionado con el juicio de valor del poema."

T.- "Aunque este diálogo se está volviendo largo, pregunta lo que quieras. No se si pondré contestar tus preguntas."

A.- "¿Qué opinas de los poemas que gustan a mucha gente, son generalmente "buenos poemas"?"

T.- "Mi opinión realmente no tiene importancia, como no tienen importancias la opiniones qu3 afirman y se basan en los "gustos personales. No se trata de juzgar la cantidad que "gustos" que produce un poema (que, dicho sea de paso, se ha vuelto muy popular en (Facebook)). Se trata de de abalizar la "calidad poética" del poema, al margen de las opiniones de pocos o muchos.

A.- "¿Quieres decir que el juicio del valor de un poema no es democrático?"

T.- "Muy bien dicho. No es la cantidad lo que interesa, sino la calidad."

A.-" Entonces: ¿Cuándo podemos decir que un poema tiene calidad poética?"

T.- "Cuando los resultados de la "anatomía poética" del poema demuestran que los PP que forman los versos poseen, al máximo, las cuatro características básicas."

A.- "¿Quieres decir que cuando los PPs tienen excelente: Ritmo, Cadencia Musical, Dimensión Semántica e Impacto Emotivo, es entonces que podemos juzgar la calidad poética del verso. ¿No es así?"

T.- "No podría haberlo explicado mejor. Es así. Si los PPs tiene calidad poética; los versos la tienen. Si los versos tienen calidad poética, las estrofas la tienen; si las estrofas tienen calidad poética; los cantos del poema la tienen; si los cantos del poema tienen calidad poética, el poema la tiene."

A.- "Me parece que usando tu método, "anatomía poética", es posible juzgar mejor la calidad poética de un poema. ¿No es así?"

Antonio de Pórcel Flores Jaimes Freyre

T.- "Así es. Esto lo estamos demostrando experimentalmente en mi taller de poética."

A.- "¿Antes de terminar nuestro diálogo: ¿Puedo hacerte una pregunta más?"

T.- "Claro que si."

A.- "¿Qué opinas de la Crítica Literaria de un poema?"

T.- "!Qué preguntita la que te traes entre dientes! Si la crítica no está basada en el análisis poético, no creo que sirva de algo."

A.- "¿Por qué no crees que esa crítica sea válida?

T.- "Por que refleja el gusto y la opinión de quienes hacen la crítica. No tiene fundamento teórico, ni está demostrada experimentadamente."

A.- "¿Puedes explicarlo con más detalle?"

T.- "El problema que encuentro con esta clase de crítica, es que está basada en la interpretación clásica del poema. En el mejor de los casos, se estudian las reglas que forman un determinado tipo de poema. Si se siguen estas reglas, el poema es bueno."

A.- "¿Qué hay de malo en seguir y usar esas reglas?"

T.- "Encuentro que estas reglas están basadas en inventos tradicionales que hicieron ciertos poetas y obedecen a simple clasificaciones de poemas. En la literatura poética, no he encontrado una teoría que haya sido demostrada prácticamente de la cual se puedan inferir las reglas poéticas."

A.- "Tu teoría poética se basa en la teoría de Ricardo Jaimes Freyre (nuestro tío abuelo). ¿ No es verdad?"

T.- "Si. En una teoría que es vieja y nueva al mismo tiempo."

A.- "¿Por qué dices que es" vieja y nueva al mismo tiempo"?"

T.- "Es vieja, porque Ricardo la escribió en 191, en su libro; "Las Reglas de la Versificación Castellana". Es nueva porque, hasta que yo me interesé en estudiarla a fondo y ver los inmensos horizontes poéticos que contiene, que yo sepa, nadie le dio la importancia que realmente tiene."

A.- "¿Cuando fue que la descubriste y la hiciste tuya?"

T.- "En el 2006 estudié el libro original que me lo prestó mi prima hermana Ruth Barriga de Pórcel. Ella tiene toda la colección de la obra poética tío Ricardo."

Antonio de Pórcel Flores Jaimes Freyre

A.- "¡Que interesante lo que me cuentas! De manera que estudiando su libro, haz podido implementar y completar su teoría poética. Por que si recuerdo bien, el libro de tío Ricardo, solamente presenta la leyes de la poética del PP."

T.- "Así es."

A.- "Tu completaste su teoría incluyendo la "poética del Verso; de la estrofa, del canto y del poema. ¿No es verdad?"

T.- "Si es verdad. sin embargo, hasta la fecha sólo he publicado el primer volumen que trata de la Poética del PP. Estoy revisando los manuscritos de los otros tres volúmenes, que completan mi obra poética."

A.- "¿Cuanto avanzaste en tu taller de poética?"

T.- "Repetí tres veces el primer ciclo: poética del PP y una vez el segundo ciclo; poética del verso."

T.- "¿Cuáles son tus planes acerca de tu taller de poética?"

T.- "En la actualidad estoy dedicado a publicar mis libros. El primer ciclo lo enseñará una de mis alumnas, la poetisa, Patricia Linares, quien tomó los tres ciclos anteriores y domina la materia."

A.- "¿Cuanto dura cada ciclo?"

T.- "Mi teoría es muy sencilla y se la podía presentar en unas dos o tres semanas. Pero no se trata de eso. Cada ciclo es experimental y requiere de mucha práctica, de manera que cada ciclo dura un promedio de 10 semanas o sea de 40 clases dura el taller."

T.- "Ya veo la dedicación que requiere participar en tu taller. En eso te doy la razón. La teoría por si sola, no es bastante. Todo se aprende practicando. Sólo con la práctica hay aprendizaje."

T.-" Este diálogo está bastante largo. ¿Tiene otra pregunta?"

A.- "No tengo otra pregunta. No se me ocurre algo más. Gracias por tu tiempo y por tu dedicación. Es muy provechoso para mi conversar contigo."

T.- Es mucho más provechoso para mi. Tus preguntas me obligan a pensar cuidadosamente, me sirven de estímulo y de inspiración. A ti las gracias."

A.- Hasta pronto ToTTó. Vete con Dios.

T.- Tu quédate con Él. Hasta pronto Antonio.

Fin del diálogo.

Antonio de Pórcel Flores Jaimes Freyre

Quinto Dialogo

Antonio de Pórcel Flores Jaimes Freyre

Soliloquios A
Un Amor Perdido

Poema de ToTTó:

Publicado por el autor en su libro titulado: "Poemas de un Bohemio Boliviano", página 56, Segunda edición; Editorial Tres Baturros en un Burro. Redwood City, California, 2017. ISBN 10:153950382

Antonio de Pórcel Flores Jaimes Freyre

Soliloquios A
Un Amor Perdido

El Lenguaje del Poeta
Analizado por el Filósofo

TT.- ToTTó Un Artista Bohemio
A.- Antonio Filósofo Aficionado

Fecha: 3 de Abril del 2014; 10:40 de la mañana.
Lugar: 'Pequeño Jardín' Sentados a una mesa en el pequeño jardín de mi estudio, con vista a la Bahía de Redwood City, California. Conversamos y saboreamos un Café-Late y un Expreso Capuchino. Es un día estupendo de primavera, con sol radiante, cielo azulado sin nubes, brisa suave y el hermoso paisaje de las olas jugando con las traviesas aves marinas.

Introducción

Querido lector, estos diálogos entre las dos personalidades de Géminis de las que gozo, son mas disquisiciones de tipo intimo, que sabias proposiciones de valor objetivo. Las dos facetas de mi personalidad tratan de entenderse, usando como medio la conversación libre y el dialogo Socrático de preguntas y respuestas.

Antes de que empieces a leer este diálogo, nos permitimos darte un consejo, una sugerencia superficial, pero sincera, y es que no lo tomes en serio, ya que su valor es íntimamente subjetivo y su sabor cambia con la habilidad de cocinero.

Esperamos que te diviertan y te hagan sonreír, que te pongan alegre y te hagan pasar un momento agradable. Estos son: nuestra intención y deseo sinceros.

Antonio de Pórcel Flores Jaimes Freyre

Diálogo

A.-   "Hola ToTTó ¿Cómo te sientes en esta linda mañana?"

TT.-   "Mi querido Antonio que te puedo decir. Un poco adolorido después de la operación, pero con muchas ganas de conversar contigo."

A.-   "Lo primero, mis deseos que te mejores lo antes posible. Si puedo hacer algo por ello, por favor avísame."

TT.-   "Ya lo estás haciendo, quizás sin darte cuenta. Tu presencia es mi mejor calmante. Bien sabes que no hay remedio mejor para el dolor que dominarlo con tu mente."

A.-   "Dices bien. Ocupando tu mente con algo que te sea realmente interesante, casi es posible olvidarse del dolor físico. He tenido esa experiencia varias veces y me acuerdo que fuiste tu quien me ayudó en esas ocasiones."

TT.-   "Ahora es tu turno. Ten por seguro que este diálogo es un verdadero paliativo, mucho mejor calmante que las pastillitas de están de moda."

A.-   "Me alegra que así sea."

TT.-   "¿Qué te traes en el bolsillo?"

A.-   "Estaba leyendo uno de tus poemas y como de costumbre me sorprendió la manera fácil que tienes para jugar con el lenguaje y romper las reglas gramaticales."

TT.-   "Varias veces anuncie que la poesía está libre de toda regla que limite la creación poética y por ende, la creatividad artística."

A.-   "Si lo dijiste, lo cual no significa que mi curiosidad esté saciada. En cierta forma, las leyes del lenguaje se han creado para facilitar la comunicación y algunos de tus poemas no son fáciles de comprender."

TT.-   "Ja. Ja. Ja. ¡La comunicación! Las profundidades existenciales de la metafísica lingüística. Sartre te diría: 'La Nada."

A.-   "Ya se, te gusta burlarte de mi con esas tus bromitas. Pero no te tomo en serio, eso lo sabes muy bien."

TT.-   "Haces bien. Lo único serio en esta vida es la 'Muerte'. Para los unos, el cielo o el infierno; para los otros la Nada. ¿Cuál es mi poema que quieres interpretar?"

Antonio de Pórcel Flores Jaimes Freyre

A.- "Lo titulaste: "Soliloquios A Un Amor Perdido". Eso me sorprendió."

TT.- "¿Por qué te sorprendió?"

A.- "El término debe ser singular: 'Soliloquio' y no 'Soliloquios' en plural. La palabra 'Soliloquio 'viene del latín: 'solus' que quiere decir 'solo' y 'loquos' que quiere decir 'hablar'. El vocablo se refiere a una conversación subjetiva, en voz alta con uno mismo, que puede tener algún valor psicológico, ya que generalmente se trata de acceder al interior del hablante."

A.- "Es fácil confundirla con la palabra 'Monólogo' que parece ser su sinónimo. La diferencia es muy sutil. Un monólogo es una reflexión en voz alta que hace una persona dirigiéndose a otra persona o a un público, no es una conversación con uno mismo que no necesita tener público. Por está razón, pienso que el soliloquio tiene que ser singular, ya que una persona no puede hablar consigo misma varias veces, al mismo tiempo."

TT.- " No si se llego a entenderte completamente, por favor: ¿Podrías darme un ejemplo de un soliloquio y de un monólogo?"

A.- Lo haré con mucho gusto si eso puede aclarar mis ideas. En mi opinión, el monólogo más famoso es el de Segismundo, en el drama de calderón de la Barca: "Los Sueños, Sueños Son".

Segismundo, - entre rejas, vive encerrado en una celda de por vida, por su padre, el Rey. Según el oráculo, él nació para matar a su padre y usurparle el reinado - se dirige al público, tratando de comprender que pecado él ha cometido para merecer semejante castigo; compara su destino al de los animales que tienen mejor suerte que él y clama a los cielos una explicación.

"Este un monólogo, porque Segismundo habla al público y a si mismo. Tampoco él explica algo que represente su vida interior. Resumiendo, Segismundo dice:

"'Qué pecado he cometido, sino es el de haber nacido'."

TT.- "Te felicito, buena tu descripción. Ahora, por favor, explícame cual es la diferencia con un soliloquio, usando un ejemplo."

Antonio de Pórcel Flores Jaimes Freyre

A.- "Un buen ejemplo es el soliloquio de Carmen que habla con el cadáver de su esposo en la famosa novela de Miguel Delibes: "5 Horas Con Mario". Carmen describe toda la vida que ha tenido con Mario y con las otras personas que la rodean, hablando de sus propios sentimientos, frustraciones y pesares. Ella habla consigo misma recordando su vida conyugal y las circunstancias que la rodearon. Esta es la diferencia. Por esta razón opino que seria acertado corregir el título de tu poema. Te sugiero que lo titules, usando el singular: 'Soliloquio'. Una persona no puede, simultáneamente, hablar consigo misma varias veces."

TT.- "Sinceramente es muy interesante lo que dices, pero no se aplica a la poesía. El título está correcto y no necesito corregirlo."

A.- "Eso dices. Ahora tienes que demostrarlo."

TT.- "No es tan difícil como presumes. Tu mismo haz dicho que un Soliloquio es: 'una conversación consigo mismo que tiene valor psicológico'. ¿Verdad?"

A.- "Si lo he dicho y lo sostengo. ¿Que tiene que ver ese aspecto con las reglas gramaticales?"

TT. "Pues fíjate. El amante que perdió a su gran amor está bombardeado por soliloquios. No puede dejar de pensar, aceptar que perdió su gran amor, de manera que tiene que decírselo a si mismo varias veces. No es un sólo soliloquio, son muchos sus soliloquios; si ellos se dan simultáneamente ó en sucesión, no viene al caso. El hecho es que lo persiguen constantemente, no lo dejan en paz."

A.- "Déjame pensar en lo que dices. ¿Quieres decir que, el mismo soliloquio se va repitiendo una y otra vez."

TT.- "No tiene que ser, necesariamente, el mismo soliloquio. El poema lo dice claramente. La primera estrofa describe la situación que se va desarrollando a través del soneto. Si quieres, puedes pensar que cada estrofa representa un soliloquio diferente, el cual está íntimamente relacionado al tema del soneto. El estrambote presenta la conclusión, la moraleja."

A.- "Acepto en principio tu explicación, pero no me haz convencido. En el primer verso, caprichosamente separaste la palabra 'soliloquio' en dos palabras. ¿Te parece eso aceptable?"

TT.- "Ja. Ja. Ja. Ya sabía que me ibas a llamar la atención por crear nuevas palabras."

A.- "Puedes reírte todo lo que quieras pero esa no es una explicación."

TT.- "¿Te acuerdas cuál es el primer verso del soneto?"

A.- "Claro que si. Este es el primer verso:"

"Sol y Loquios me invaden tenebrosos"

TT.- "Una vez más, la explicación es muy simple."

A.- "¡Muy Simple! Ja. Ja. Ja. Ahora me toca reírme. Explícate."

TT.- "El tema central del soneto es la 'polaridad del amor perdido'; lo bueno y lo malo que representa el amor para el amante que lo ha perdido. Los soliloquios lo muestran claramente."

A.- "Esta vez si que me haz perdido. ¿Qué tiene que hacer la polaridad de la que hablas, con la creación de palabras que no están en el lenguaje?"

TT.- "Verás. El 'Sol' simboliza lo bueno que hay en el amor: la vida, la creación, la naturaleza, la luz y la claridad. La palabra que no te gusta: 'Loquios" simboliza lo malo del amor: la pérdida, la desesperación, la soledad, el vació, la sombra, la obscuridad, y finalmente, la locura. Piensa, 'loquios': 'locos', 'locura'. Juego de palabras que clarifica el tema del poema."

A.- "¡Qué interesante¡ Déjame ver si puedo interpretar lo que dices. Entonces 'loquios' se refiere a la 'locura': Sol y Locura, simbolizan, cada uno: lo bueno de haber gozado del éxtasis del amor y la locura de haberlo perdido."

TT.- "Buena tu explicación, pero quisiera añadir un detalle."

A,- "Añádelo."

TT.- "Para mi, la palabra: 'loquios', no significa solamente una 'locura' corriente, de alguien que ha perdido la mente. Significa: una "Locura Erótica', como lo dice el cuarto verso del estrambote. Frente a la perdida de su amada, el amante reacciona con una 'locura erótica', sus soliloquios 'agigantan sus pasiones', son eróticos. Es por eso que son 'tenebrosos'. Su amor desvanecido en la nada, es la fuente de sus 'Sol y Loquios'."

Antonio de Pórcel Flores Jaimes Freyre

A.-   "Muy interesante como lo explicas. Interpretado de esta manera, tu juego de palabras adquiere perfecto sentido. Dijiste que el cuarto verso del estrambote habla de 'locura erótica'. ¿Puedes repetir ese verso?"

TT.-   " Claro que si:"

> *"mementos, locura erótica,*
> *de esos días condenados."*

A.-   "Como es tu costumbre, poco a poco, me vas convenciendo. Me gustaría, si es que te sientes con ganas, que interpretáramos el resto del poema. ¿Qué te parece?"

TT.-   Me parece una excelente idea. ¿Cuál es la primera estrofa?"

A.-   "Me acuerdo todo el poema porque lo he leído muchas veces en voz alta y te confieso que no creo haberlo entendido en su profundidad. Esta es la primera estrofa del soneto:"

> *"Sol y Loquios que me invaden tenebrosos*
> *vertiendo mi alma tus amores silenciosos.*
> *Tus tiernos besos mis pasiones agigantan*
> *y tus caprichos ya me cierran la garganta."*

TT.-   Si me haces algunas preguntas, puede ser más fácil para mi interpretarlo. ¿Qué te parece?"

A.-   Buena idea. El primer verso dice que: el amante está: "*invadido' por el 'Sol' - lo bueno - y la 'Locura' - lo malo –* ". Eso fue lo que le dejó el amor perdido. El amante a menudo conversa consigo mismo, no puede aceptar la perdida y olvidar a la amante."

"El segundo verso indica que: *'Sol y Loquios'* llenan el alma del amante con los *'amores silenciosos'* de la amante. La verdad es que me es difícil poner estos dos versos juntos. ¿Puedes hacerlo?""

TT.-   "Estos dos versos, muestran el efecto emocional que produce el amor perdido, que es una:

102

'locura tenebrosa'

Antonio de Pórcel Flores Jaimes Freyre

TT.- "El alma del amante está llena de dudas, de celos; porque sospecha que la amante tuvo y tiene *"amores silenciosos"*. Pero no lo sabe a ciencia cierta; por eso son *'silenciosos'*. Son los celos y la incertidumbre que carcomen el alma del amante."

A.-   "Ahora lo comprendo, no es fácil darse cuenta por la profundidad del pensamiento. Déjame ver si puedo seguir tu ejemplo e interpretar los dos siguientes versos de esta estrofa. ¿Quieres?"

TT.- "Dale. Interprétalos."

A,-   "El tercer verso representa la *'locura erótica'*, los *'tiernos besos'* que agigantan las pasiones del amante. El cuarto verso indica que no todo en ese amor era: *'Flor de Liz'*; que inmerso en la entrega amorosa, habían momentos de discordia: los *'caprichos'* de la amante que atoran la *'garganta'* del amante, parte de su *'locura erótica'*. Creo que la primera estrofa sirve de introducción al tema central de poema, porque muestra los dos lados, la polaridad del amor perdido. ¿Es así?"

TT.- "Justamente. Así es" ¿Quieres seguir con la segunda estrofa?"

A.-   "Me gustaría que tu la interpretes. Déjame escribirla."

> *"En feliz día, prometiste: fuéramos amantes*
> *esos que: "Hasta Siempre", "Aman Antes".*
> *El tesoro que dejaste en tu cofre del olvido:*
> *flores marchitas, sus pétalos adormecidos."*

TT.- "El soliloquio de la segunda estrofa anuncia la parte negativa que deja el amor perdido."

TT.- "El amante duele la ausencia de la amante y la rotura de la promesa que ella le hizo *"En feliz día'*. El tesoro de ese amor que llenó la vida del amante, encerrado en el olvido, está lleno de *'flores marchitas'*."

A.-   "Esta estrofa está más fácil de interpretar, pero tengo dos preguntas."

TT.- "Pregunta lo que quieras."

A.- "La primera es: ¿Por qué escribiste: '"Hasta Siempre", "Aman Antes"? Entiendo que uno de tus famosos juegos de palabras es el uso de la contradicción de los términos: 'siempre' y 'antes'. Otro de tus juegos de palabras es la separación de vocablos, en este caso convertiste la palabra 'amantes' en dos palabras: 'Aman Antes'."

TT.- "Tienes razón, ese juego de palabras indica la polaridad del amor. Al principio en el amor, todo es éxtasis, felicidad y alegrías; las almas de los amantes viven en el cielo; la comunión de sus cuerpos asemeja una simbiosis; entonces, la promesa es: "Hasta Siempre". Pero cuando el amor se va, lo que queda son los recuerdos y la añoranza de cómo se 'Amaba Antes'."

A.- "Son muy interesantes tus juegos de palabras, sabes como exprimir significados novedosos. Te felicito."

TT.- "Gracias, pero no es para tanto. A ti gusta soslayarte con tus exageraciones trascendentales."

A,- "Ya te dije que no iba ha hacer caso a tus bromitas. Lo único trascendental, es la relación entre la vida la muerte. El Dasein de Heidegger: 'El Ser En El Mundo'."

TT,- "Ja.Ja.Ja. ¿Cuándo se acaba el mundo: el 'Ser deja de Ser'? Tu sabes más de eso que yo. ¿Cuál es tu segunda pregunta?"

A.- "En cuarto verso de esta estrofa escribiste: "flores marchitas, sus pétalos adormecidos" ¿No sería mejor que los pétalos hubieran quedado 'descoloridos'?"

TT.- Buena tu observación. Se podría usar la palabra 'descoloridos', porque así quedan pétalos de flores marchitas. Sin embargo, usándola, el verso pierde su fuerza emotiva y su profundidad."

A,- "Una vez más me perdiste. Explícate, por favor."

TT.- "Es redundante usar el adjetivo 'descoloridos' para calificar al sustantivo pétalos. Si las flores están marchitas, lógicamente los pétalos han perdido su color. La palabra 'adormecidos' indica que los pétalos descoloridos que ha dejado ese amor, no están muertos, ellos estás simplemente: 'adormecidos'."

TT.- "Es por eso que el amante sufre sus 'tenebrosos' soliloquios. El amor no está muerto, sino perdido. La última estrofa de estrambote lo indica claramente, veamos:"

Antonio de Pórcel Flores Jaimes Freyre

"Brillará en mi cielo una estrella
anunciará un nuevo amanecer.
¡Otro Amor! que me haga conocer
que la vida es hermosa, que es bella."

A.- Otra vez me sorprendes con tus interpretaciones originales. Tus metáforas y comparaciones son de mi agrado."

TT.- "Gracias por tus elogios, me alegra que te hayan gustado."

A.- "No creo que es necesario interpretar estas estrofas:

Aferré a tus promesas, sin dudarte, confiado:
amor, cuerpo y alma. Ahora sufro condenado,
mis vanos esfuerzos de quereres sin sentido.

Cual siniestra sátira de Prometeo Encadenado,
en la lava de tu efigie, allí, bullen mis entrañas . . .
Volcán en erupción, cual Vesubio, así me bañas.

A.- "Antes de terminar con nuestro diálogo, quiero hacerte la última pregunta."

TT,- "Ya te dije que preguntes lo que quieras, tus preguntas son un estímulo para mi. Me obligan a pensar, cosa que no hago cuando escribo mis poemas."

A.- ¡Como! ¿Dices que no piensas cuando los escribes?"

TT.- "Así es, si los pienso no los puedo escribir, debo soñarlos. Salen de mi mente directamente al corazón del artista. Eres tu a quién le gusta analizarlos e interpretarlos. Cuando escribí este poema, no tenía idea de todo lo que discutimos en este diálogo."

A.- "Admirable."

TT.- "Así es. Admirable son la creatividad, la inspiración, la Musa y el Duende. ¿Cuál es tu última pregunta?"

A.- "En la segunda estrofa del estrambote escribiste:

Si he perdido así tu amor
¿Dónde lo podré encontrar?
En los suelos del dolor
Es ahí donde debe estar.

TT.- "Así la escribí."

A.- "No me suena muy bien que digamos eso de *'los suelos del dolor'*. Pues no creo que el 'dolor' tiene 'suelos'. ¿No te parece mejor que cambiar el penúltimo verso?"

TT.- ¿Cómo quisieras que lo cambie?

A.- "Me sonaría mejor si este verso dijera:

'En las brasas del dolor'

TT.- "Te daría la razón sin pensarlo un minuto, pero si escribo este verso como tu sugieres, perdería su significado y su profundidad. Bien sabes que aspiro a escribir versos con una tercera dimensión. No te olvides que me creo un escultor de versos aficionado."

A.- "Ya lo se, porque lo discutimos en uno de nuestros diálogos anteriores cuando hablamos de la pintura y la escultura en poesía."

TT.- "Me alegra que te acuerdes de ese diálogo."

A.- ¿Por qué dices que el verso, escrito como yo te lo sugerí, perdería su profundidad? Sabes bien que el dolor quema como el fuego y tiene nada que hacer con los 'suelos'."

TT.- "Tienes razón y no la tienes."

A,- "Déjate de bromitas. Explícate por favor."

TT.- "No es una bromita. Fíjate, el dolor físico es el que quema. Pero el amante no siente dolor físico, su dolor es espiritual, existencial. Lo que le duele es la carencia, la inexistencia de ese amor que se ha perdido. Un dolor de esta naturaleza, lo tira a uno por 'los suelos'. ¿No te parece?"

A,- "No lo había pensado de esa manera. Al sufrir los *'Soliloquios tenebrosos'* puede que el amante se sienta *'¡Por los suelos!'*. Tienes razón. Olvídate mi sugerencia y deja el verso como está."

TT.- "Gracias. Así lo haré."

A.-   "Está demás decirte que ha sido un placer dialogar contigo. Perdona si lo he alargado con mis preguntas y comentarios sin tener en cuenta que estás recién operado."

TT   "Nada tengo que perdonar, mi querido Antonio. Todo lo contrario. Como te dije antes, conseguir que la mente esté ocupada en cosas que te obliguen a pensar, facilita que olvides los dolores físicos. Soy yo quien tiene que agradecer tu valioso tiempo y tu interés en mis poemas."

A,-   "Bueno si es así, me legro que te sientas mejor. Te dejo con tus quehaceres. Hasta nuestro próximo dialogo. Quédate con Dios."

TT.-   "Yo te dejo con tus inquietudes filosóficas y existenciales. Vete con Dios.

==============

Un abrazo de amigo
ToTTó

(**) Diálogo: El Poeta Verdadero Como Pintor y el Poeta Aficionado Como Escultor. Publicado por el autor en su libro titulado: "Poemas de un Bohemio Boliviano", página 56, Segunda edición; Editorial Tres Baturros en un Burro. Redwood City, California, 2017. ISBN 10:153950382

Fin del Dialogo

Antonio de Pórcel Flores Jaimes Freyre

Sexto Diálogo

Antonio de Pórcel Flores Jaimes Freyre

Epigramas y Sonetos de un Bohemio

Diálogos de Antonio y ToTTó

ToTTó: *Artista Bohemio*
y
Antonio: Filósofo Aficionado

**Dedicados a mi querida sobrina:
Lilian Hortensia de Pórcel Flores
Regalo de cumpleaños**

9 de Julio del 2014
==========

Antonio de Pórcel Flores Jaimes Freyre

Epigramas y Sonetos
de un Bohemio

Introducción

ToTTó representa un aspecto de mi personalidad de Geminiano, el del artista baquiano que vive para el arte, el placer, el gozo, el buen humor y la algarabía. Antonio representa el otro aspecto de mi personalidad: el del filósofo aficionado que se las da de serio y sistemático; que ve la vida bajo la luz de la lógica, de la verdad, la justicia; y trata de comprender metódicamente los fenómenos incomprensibles, analizando todo lo que cae en su mente.

Estos diálogos son disquisiciones de tipo intimo, que no tienen valor objetivo. Las dos facetas de mi personalidad tratan de entenderse, usando como medio la conversación libre y el dialogo Socrático.

Espero que se diviertan y sonreían, que estén alegres y pasen un momento agradable leyéndolos. Esta es mi intención y deseo sinceros.

TT.- ToTTó (artista bohemio);
A.- Antonio (filosofo aficionado).
Fecha: *9 de Julio del 2014; 1:40 de la tarde.*

Lugar: 'Alegre Cafetería Bohemia'.

Estamos sentados cómodamente, en el pequeño jardín de nuestra cafetería favorita, mirando las olas del océano Pacifico, en la bella ciudad de San Francisco, California. Conversamos mientras saboreamos un Café-Late y un Expreso Capuchino. Es un día estupendo de primavera, con sol radiante, cielo azulado sin nubes, brisa suave y el hermoso paisaje de las olas jugando con las traviesas aves marinas.

Antonio de Pórcel Flores Jaimes Freyre

Diálogo

A.- "Hola ToTTó ¿Cómo te sientes en esta hermosa tarde que parece primaveral?"

TT.- "Mi querido Antonio, me siento muy bien, alegre y contento conmigo mismo, satisfecho con mi producción literaria. ¿Tu, cómo estás?"

A.- "Estoy muy bien gracias. Pensando y cavilando, sin encontrar las respuestas a mis traviesas preguntas. Con placer he leído tus escritos. Me gustó saborear tu epigrama a la *"Esperanza'*. No sabía que te gusta escribirlos, ni que tienes una colección."

TT.- "Me alegra que te hayas divertido leyendo ese epigrama. Te aclaro que no tengo una colección todavía. Este es el primero que escribí, pero si tengo la intención de seguir escribiéndolos y, como tu dices, con el tiempo, coleccionarlos."

A.- "Esa es muy buena idea. ¿Cómo se te ocurrió la idea de escribir ese epigrama?"

TT.- "Estaba leyendo los poemas de gran Rubén Darío. Un librito publicado en 1958, que compre en una librería de libros usados. Rubén escribió un lindo epigrama a Campoamor que me inspiro a seguir su ejemplo."

A.- "¡Qué interesante! Tu estas siempre sacándole el jugo a tus lecturas. No conozco otra persona que lea algo y de inmediato tenga la inspiración para escribir. La mayoría de nosotros, los simples lectores, leemos y nos regocijamos haciéndolo, pero no escribimos inspirados en la lectura. Me admira esa habilidad que tienes para hacer tuyo en contenido de lo que lees."

TT.- "No exageres la nota. Lo hago para practicar escribiendo. Desde niño he tenido la costumbre de leer con lápiz y papel a la mano. Es una habilidad adquirida y perfeccionada con el tiempo. Esta técnica me la enseño mi padre."

Antonio de Pórcel Flores Jaimes Freyre

A.- "Me sorprende un poco que, el Papá Jaime te la hubiera enseñado. Se que él leía muchísimo, pero él no ha escrito casi nada."

TT.- "Si es verdad. Papá Jaime era un gran escritor, escribió bastante, pero apenas terminaba de escribir, sus escritos iban a parar en el basurero."

A.- "Si, ya me acuerdo del 'tabú' de la familia. Ese tabú decía: *'Si no escribes igual o mejor que Ricardo Jaimes Freyre, por favor no escribas, porque es una afrenta al prestigio de toda la familia.'*"

A.- "Un tabú ridículo a mi manera de pensar. ¿Cómo te libraste de ese tabú?"

TT.- "Durante mi juventud, seguí leyendo usando la técnica del lápiz y del papel, botando a la basura mis escritos, obedeciendo a ese tonto tabú. Ya de viejo, me canse de sonsear, dejé de usar el basurero y los escribí en mi computadora."

A.- "Me alegro que lo hayas hecho. Ahora ya no usas el basurero y publicas algunos de ellos."

TT.- "Confieso que no tenía la intención de publicar. Fue mi hijo Nicolás, quien insistió tantas veces, pidiéndome por favor que lo haga. Decidí darle gusto y los publiqué en la red."

A.- "Muy bien por Nicolás. En cuanto lo vea lo felicitó por darte ese gran incentivo. Volviendo a los epigramas, dijiste que el epigrama que Rubén Darío escribió a Campoamor, fue tu inspiración para escribir tu eoigrama: *'Esperanza'*. ¿Te acuerdas del epigrama de Rubén Darío?"

TT.- "Una de las ventajas del epigrama es que, al ser un poema corto, es fácil de memorizar. Si me acuerdo ese epigrama. ¿Quieres que lo escriba?"

A.- "Claro que si. Me gustaría leerlo. He leído bastante de Darío, pero no conozco ese epigrama."

TT.- "He aquí el epigrama del gran Darío:"

"Campoamor

*Ese de cabello cano
como la piel del armiño,
juntó su candor de niño
con su experiencia de anciano;
cuando se tiene en la mano
un libro de tal varón,
abeja es cada expresión
que, volando del papel,
deja en los labios la miel
y pica en el corazón.'*

Rubén Darío

===============

A.- "Muy lindo epigrama, pero no me parece ser muy corto."

TT.- "¿Por qué dices eso?"

A.- "Debo confesarte que, después de leer tu epigrama a la *'esperanza'*, me entró la curiosidad y me molestó mi ignorancia. De modo que me puse a investigar acerca de los epigramas."

TT.-"Te felicito. ¡Qué buena idea la tuya! ¿Qué encontraste?"

A,- "Se ha escrito mucho acerca de este tema. Era usado con preferencia en la Grecia clásica. El gran poeta Juan de Iriarte, que tradujo del latín una innumerable cantidad de epigramas clásicos, lo define en forma excelente, usando un epigrama."

TT.- "Eso no lo sabía, me parece sumamente interesante. ¿Cómo define el epigrama en gran Iriarte?"

Antonio de Pórcel Flores Jaimes Freyre

A.- "Juan de Iriarte escribe:

A la abeja semejante,
para que cause placer,
el epigrama ha de ser
pequeño, dulce y punzante.

=========

Sese ostendat Apem,
si vult Epigramma placer:
Insit ei brevitas,
mel, et acumen Apis."

=========

TT.- "Lindo epigrama sin duda alguna. A ti que tanto te gusta analizarlo todo: ¿Cómo analizas este epigrama?"

A.- "Déjame ver. Iriarte indica que son tres la cualidades que debe tener un buen epigrama: debe ser 'CORTO'; 'DULCE'; y 'PUNZANTE'."

TT.- "Por favor, explícate."

A.- "Corto de cuatro versos a lo más. Dulce como la miel de la abeja que produce gran placer. Punzante como el agujón de la abeja."

TT.- Según esta definición, el epigrama de Rubén es un bastante largo. Es dulce, juguetón e ingenioso, lo que produce un placer al leerlo. Y es punzante porque deja al lector pensando en el genio de Campoamor."

A.- "Concuerdo con tu opinión, por eso me gustó el epigrama de Rubén. Pero como tiene ocho versos, no me parece corto."

TT.- "¿Por qué crees que Iriarte insiste en que el epigrama sea 'corto'?

A.- "Creo que esa cualidad se originó en la antigüedad clásica. Iriarte la recomienda, porque le da una magnífica agilidad el poema. En muy pocos versos se puede decir mucho y lo se dice de manera muy interesante. ¿No te parece?"

TT.- "Tienes razón y estoy de acuerdo con el gran Iriarte. Por eso que me gustan tanto los sonetos; catorce versos para decir toda una historia."

A.- "Ja. Ja. Ja. me haces reír."

TT.- "¿Por qué te ríes? ¿Qué de gracia tiene lo que dije acerca de los sonetos?"

A.- "Porque el mismo Iriarte compara los epigramas a los sonetos y dice que los sonetos son muy largos. Que lo mismo se puede decir escribiendo un epigrama de cuatro versos."

TT.- "¿¡Cómo!? ¿Es esa la opinión de Iriarte?"

A.- "No es sólo su opinión. Iriarte ha comparado sonetos a epigramas y ha escrito epigramas que dicen lo mismo que los sonetos que él ha traducido. No me pidas que te diga como lo hizo ni cuales son esos sonetos. Mi análisis es muy superficial."

TT.- "No es necesario que entres en detalles. Si Iriarte ha podido hacerlo, me gustaría probar."

A.- "¿Quieres decir que intentarás escribir un epigrama que diga lo mismo que un soneto?"

TT.- "Me parece muy interesante este desafío. No creo que sea muy fácil que digamos, pero es digno de intentarlo."

A.- "A mi me parece lo mismo. Sería estupendo si puedes lograrlo. ¿Quieres tratar de hacerlo ahora mismo?"

TT.- ¿Cómo dices? ¿Quieres que lo intente ahora mismo? No creo que pueda, pero veremos que sale. Te ruego que no seas muy crítico que será improvisado. ¿Debo escribir el soneto y luego el epigrama correspondiente?"

A- "No es necesario que improvises un soneto, ni que trates de convertirlo en epigrama. Ya lo haz hecho, quizás sin darte cuenta de ello."

TT.- " Ja. Ja. Ja. Ahora eres tu el que me haces reír."

"Dices que ya lo he hecho y eso sin darme cuenta. ¿Quieres tomarme el pelo, hacerte la burla de este bohemio?"

A.- "Claro que esa no es mi intención ¡Válgame Dios! Si que lo haz hecho, varias veces. Te lo demostraré ahora mismo."

TT.- "Anda. Anímate y demuéstramelo."

A.- "¿T acuerdas del soneto que escribiste acerca del Payaso y del Sabio?"

TT.- "No me acuerdo. Sabes bien que no me acuerdo de lo que escribo. ¿Cuándo lo escribí?"

A.- "Hace tiempo, creo que en el 2013. Me acuerdo de este soneto porque es un buen ejemplo. No sólo escribiste el soneto sino que también escribiste el epigrama. Pero no te diste cuenta, porque entonces no estabas interesado en epigramas."

TT.- "Cada vez me sorprendes más con estos tus analices. Simplemente me es difícil crees lo que me dices."

A.- "Si que los escribiste, ambos el soneto y el epigrama. Solamente que llamaste al epigrama: 'Estrambote' ".

TT.- "Si te acuerdas de ese soneto y del estrambote que tu llamas 'epigrama', por favor, puedes escribirlos?"

A.- "Los escribiré si tu lo quieres. Pero este diálogo se está volviendo un poco largo. ¿No te parece?"

TT.- "En eso tienes razón. Pero no importa que nos alarguemos. Mi curiosidad es muy grande y estoy seguro que nuestros lectores se complacerán leyendo tu demostración, querrán saber si tu estás en lo cierto."

A.- "Si lo pones de esa manera, no me queda otro remedio que escribir tu soneto y demostrarte que lo que tu llamas 'estrambote' es en realidad un 'epigrama'."

El Payaso y El Sabio

Soneto de ToTTó: "El Bohemio Boliviano"
Dedicado a los payasos con yo,
cantan al viento y se ríen de si mismos
==========
El Payaso y El Sabio

¿Qué se puede decir con sólo cuatro palabras?
"Veremos" dijo en sabio, "haber como hablas."
"Si. Acepto tu reto", dijo el payaso sonriendo;
"¿Las quieres hablando, recitando o escribiendo?"

"Dale, no estropees al tiempo, atrévete y empieza;
si lo logras serás más sabio que yo; pero si fracasas
tu vergüenza será inmensa y gozaré de una pieza."
Tus payasadas me llegan a los talones: son carcasas.

"Te demostraré que un payaso vale más que un sabio."
¿Sabrás escuchar? Allá voy. Limpia bien tus oídos. "
"Trátame, dilas, que soy todo oídos para un perdedor."

"Estas son mis cuatro palabras: 'Dios Líbrame Del Sabio' ".
"No seas payaso, esas palabras no valen; lo dice el sabio."
Seré para ti un simple payaso; pero soy un alegre ganador.

Estrambote

Más vale ser humilde, estar feliz y contento con uno mismo,
que buscar la felicidad en el orgullo, la vanidad y el prestigio.
Sabio Consejo de Payaso, vale más que Payasada de Sabio.
Cuatro palabras bastan, para quien sabe decirlas, sin agravio.

Antonio de Pórcel Flores Jaimes Freyre

A.- "Como puedes comprobar, tu estrambote es un verdadero epigrama. En él dices lo mismo que en todo tu soneto, en forma corta, dulce y punzante. Tal como lo quiere Iriarte."

TT.- "El estrambote parece ser un buen epigrama, pero no es tal como quiere Iriarte. No es corto como debe ser, los cuatro versos son muy largos, tienen muchas palabras."

A,- "Anímate a escribirlo con cuatro versos cortos. Anda. ¡Anímate!"

TT.- "Si así lo quieres, hare la prueba."

Estrambote

Más vale ser humilde, estar feliz y contento con uno mismo,
que buscar la felicidad en el orgullo, la vanidad y el prestigio.
Sabio Consejo de Payaso, vale más que Payasada de Sabio.
Cuatro palabras bastan, para quien sabe decirlas, sin agravio.

Epigrama

Humilde, feliz y contento,
sin orgullo, vanidad y prestigio.
Más Vale: "Sabio Consejo de Payaso",
que: "Payasada de Sabio."

A.- "Te felicito. Lo lograste fácilmente. Ahí tienes tu Epigrama de cuatro versos cortos solamente.

TT.- "Me convenciste una vez más."

A.- "No tienes que fiarte de mi opinión. Veremos que opinan nuestros estimados lectores, ellos son los verdaderos jueces. ¿Qué te parece?"
"

TT.- "Me parece una idea estupenda. Veremos que opinan. Mientras, quedaremos en suspenso, hasta nuestro próximo diálogo. ¿Estás de acuerdo?

A.- "Claro que si. Esperemos esperanzados. Que tengas un lindo día. Vaya con Dios."

TT.- "Lo mismo para ti. Quédate Con Dios, hasta el próximo diálogo."

Fin del Diálogo

==========

Un abrazo de amigo
ToTTó
Mi deseo sincero
Antonio

============

Antonio de Pórcel Flores Jaimes Freyre

Séptimo Diálogo

Prosa y Poesía:

De la Oración al Verso

Antonio de Pórcel Flores Jaimes Freyre

Prosa y Poesía: de la Oración al Verso
La Metafísica del Verso
y la Ontología de la Prosa.
Diálogos de Antonio y ToTTó

Diálogo

Antonio- "Hola ToTTó, Que gusto el mío poder reunirnos una vez más, para cambiar ideas y tratar de explicar las incógnitas que encierra nuestro pensamiento. Bienvenido a nuestro diálogo."

ToTTó- "Antonio, el placer es mío. Hace tiempo que no nos reuníamos a conversar. No me explico porque dejamos que el tiempo nos cierre las puertas."

Antonio.- "No hay necesidad de echarle la culpa al tiempo, pues, como decía mi madre: "

"Uno siempre tiene bastante tiempo
para hacer aquello que realmente quiere hacer"

ToTTó.- "Como de costumbre, nuestra querida y distinguida señora madre tenía la razón. Pero, las horas no cesan de jugarnos una broma, haciéndonos creer que se pasan sin nuestro consentimiento. Bueno, basta de especulaciones y de buscar disculpas. El hecho es que, felizmente, aquí estamos. "ToTTó.-¿Cuál es estema de nuestro dialogo?"

Antonio.- "Me gustaría conversar acerca de la diferencia entre la Prosa y la Poesía. Tengo entendido que el tema no es nada nuevo, se lo ha discutido en todos los tiempos. Pero, créeme; hasta la fecha no estoy satisfecho con las explicaciones que se han dado. Quiero saber ¿Qué es lo que tu crees distingue una oración escrita en prosa de un pensamiento escrito en verso?"

Antonio de Pórcel Flores Jaimes Freyre

ToTTó.- "La verdad es que tu haz leído mucho más que yo acerca de este tema, de manera que no creo que pueda añadir nada nuevo. Para empezar, no se lo que los expertos han dicho o escrito. Lo único que te puedo decir es lo que yo pienso que, desde luego, no creo clarificará tu entendimiento."

Antonio.- "Eso es lo que realmente quiero: saber lo que tu piensas, sin repetir pensamiento y conceptos ajenos a tu experiencia."

ToTTó.- "Como de costumbre, me siento halagado con tus palabras, que dotan de cierta importancia a mis pensamientos. Con franqueza te digo que yo no los considero ni importantes ni novedosos. En la noche obscura de mi ignorancia, apenas se vislumbra lejana, la pequeña luz de una luna, en cuarto menguante."

Antonio.- "Tu siempre con la humildad por delante. Cualquiera creyera que pierdo mi precioso tiempo hablando contigo. Pero no es así, tienes el don de abrir mi pensamiento a cosas nuevas y novedosas. Es por eso que me gusta reunirme a dialogar contigo. Ceo que es hora que nos dejemos de entretelones y vayamos directamente al tema central de esta conversación. ¿No te parece?"

ToTTó.- "Desde luego, estoy dispuesto a saltar a la corriente, dejar que me lleve el río en su corriente, nadando hacia esas tus selvas desconocidas, donde reinan los mosquitos. Allá, al desnudo, mis pensamientos sufrirán de tus picadas. ¡ A rascarse se dijo!"

Antonio.- "Ja, Ja, Ja. Ahí sale otra vez tu buen humor metaforizando la realidad. El río es manso, de aguas cristalinas y los mosquitos están saciados, no les tengas reparos ni miedos."

ToTTó.- "Y yo sin poder escaparme de todo esto…"

Antonio.- "Como te dije, vamos al grano. Permíteme preguntarte: ¿Cuál es la diferencia entre una oración en prosa y un verso?"

ToTTó – "La prosa, cuando es buena, es comunicativa. El escritor usa el lenguaje para explicar, describir, presentar una idea, un suceso, un evento, un sentimiento o una emoción, en forma clara y concisa."

"De manera que el lector no tenga dificultad en entender y comprender, no solamente lo que está explícitamente escrito, sino también aquello que está oculto, implícito entre la maraña de palabras y sentencias; aquello que va mas allá del sentido común. La prosa es bidimensional, como el cuadro del pintor, que pretende ofrecer tercera dimensión."

Antonio.- "Interesante tu manera de explicar lo que entiendes por Prosa. Sin embargo, no llego a comprender intrínsecamente que entiendes por "bi - dimensionalidad de la prosa. Pero antes, dime: ¿Qué es el verso?

ToTTó.- "El verso es intuitivo, no comunica, estimula el pensamiento del lector, abriendo un horizonte nuevo, un mundo poético que es extraño y desconocido por el lector. El verso, en realidad, no usa el lenguaje corriente, lo crea el lenguaje al capricho del poeta."

"El verso tiene Duende. Su mensaje no es explicito, es figurativo, casi etéreo, subyuga y trasciende. La poesía buena es multidimensional. Tiene, por lo menos, tres dimensiones. El Duende crea la la "Profundidad" y la "Multi Dimensionalidad" del verso."

Antonio.- "Ahora mencionas al Duende. Ese misterioso elemento poético, encerrado en el núcleo de la inspiración. Así lo definiste en una de nuestras discusiones anteriores. ¿No es verdad?"

ToTTó.- "Si recuerdo que conversamos del Duende. Creo que lo expliqué así como dices, en un comentario que escribí sobre una conferencia que dio Don Ortega Y Gasset, en la cual el gran escritor trata del este tema."

Antonio.- "Gracias por la aclaración, pensé que discutimos este tema en uno de nuestros diálogos, pero ahora me acuerdo que lo explicaste en uno de tus ensayos. Una vez mas mencionas el concepto de Dimensionalidad Poética. ¿Qué es lo que quieres decir?"

ToTTó.- "La prosa está limitada por las dos dimensiones del lenguaje y del papel, el verso no tiene limites. El verso crea el pensamiento de manera sutil. Requiere del lector un cierto alejamiento del pequeño mundo que lo rodea, para sumergirlo en el mundo poético del poeta, que es irreal de múltiples dimensiones. Mundo este donde el tiempo y el espacio no existen y la existencia es la cuarta dimensión."

Antonio.- "Discúlpame, pero ahora si que me perdiste. ¿Podrías explicar porque crees que la prosa esta limitada a dos dimensiones?"

ToTTó.- "La prosa no puede librarse de las limitaciones del lenguaje; la sintaxis, la prosodia, la semántica, la ortografía, etc., todas ellas ejercen su poder y su dominio en el escritor que debe conformase a sus dictados."

"El papel de una manera mágica, fuerza al escritor a comunicar explícitamente sus pensamientos, en dos dimensiones: largo y ancho. La profundidad del pensamiento, cuando existe en sus escritos, generalmente está implícita, es decir mas allá de la línea escrita, fuera del papel."

"Esta "Implicidad" obliga al lector a escaparse de la línea. Lo fuerza a entrar en el mundo de la intuición, de la imaginación, que son los dominios del verso, cuyas características son multi-dimensionales."

Antonio.- "¿Quieres decir que el verso no está escrito en el papel y la oración si lo está?"

ToTTó- "Puedes interpretarlo de esa manera figurativa. El papel que usa la prosa es real, el que usa el verso es simbólico, etéreo. El verso está escrito en la mente del poeta, así como están las ideas implícitas en la mente del escritor."

Antonio de Pórcel Flores Jaimes Freyre

ToTTó- "En este sentido, la novela y la obra de teatro se parecen mucho al verso. El mundo irreal de la novela y de la obra de teatro, sobrepasan la limitaciones de la prosa. Sin necesidad de ser poética, ambas son también multidimensionales, pues en ellas, la prosa, lo explícitamente escrito o hablado, no es lo mas importante."

ToTTó- "El novelista y el autor de teatro usan la riqueza del lenguaje, para trascender los limites del libro y del escenario. Llevando al público y al lector, al mundo imaginario del autor, donde todo y nada es posible, todo simplemente "ES", sin ninguna posibilidad de "NO SER". Los protagonistas y personajes de la novela nunca mueren, porque la muerte no existe en la imaginación."

ToTTó- "El verso nos traslada al mundo poético de la mente del poeta, donde todo ES, la posibilidad de "no Ser", no existe." El Verso es inmortal, la Oración no lo es."

Antonio- "En eso tienes razón. El verso no sólo es inmortal, pero, en si mismo, es imperecedero. Aunque uno no lo recuerde, ni lo aprenda de memoria, el verso deja una huella en el inconsciente del lector y/o de oyente."

ToTTó- "Ese es el caso de los versos que mi madre recitaba para mi cuando yo tenía cinco años. No me acuerdo de ellos, ni los puedo repetir, pero, de cuando en cuando, brillan en mi memoria, cual sombras navegan en las aguas del río de mi inconsciente y me sirven de inspiración soñadora."

Antonio- "Tu siempre con tus metáforas, las llevas en la sangre."

ToTTó- "Y tu llevas tu lógica circulando en tus venas."

Antonio- "!Ya quisiera!"

ToTTó- "¿Que te parece que terminemos este diálogo?"

Antonio- "Me pare bien, aunque nos queda mucho por conversar. Lo dejaremos para el próximo."

ToTTó- "Como siempre, un placer conversar contigo."

Antonio- "De igual manera. Hasta la próxima entonces."

ToTTó- "¡Vaya con Dios! Amigo."

Fin del Diálogo

Antonio de Pórcel Flores Jaimes Freyre

Octavo Diálogo

Antonio de Pórcel Flores Jaimes Freyre

El Impacto Emotivo del Poema

Antonio de Pórcel Flores Jaimes Freyre

El Impacto Emotivo del Poema
Diálogos de Antonio y ToTTó
Ensayo y pensamientos
Acerca de mi Teoría del "Duende"
y de Creación Poética
Diálogo

Antonio- "Hola ToTTó, Después un tiempo tenemos la oportunidad de seguir con nuestros diálogos. La verdad es que los he extrañado, especialmente después de haber oídio de tu Taller de Poética y de tu Teoría del duende. ¿Qué me puedes decir que ilumine mi entendimiento? ¿Qué es lo encierran tus pensamientos? Bienvenido a nuestros diálogos."

ToTTó.- "Antonio, pero que manera de saludar y de empezar nuestras charlas. Un poco rimbombante diría yo. Ya sabes el placer de conversar contigo es sólo mío. Es tiempo que no vence, tu con tus obligaciones académicas y yo con mis divagaciones artísticas. Es ahí donde perdemos el hilo de nuestras charlas. Yo también las extraño."

Antonio.- "El tiempo es pasajero y su rapidez no es de sorprender. Aprovechemos esta oportunidad para cambiar ideas, pues estoy sumamente curioso de tus explicaciones filosóficas acerca de la creación literaria, especialmente de la creación poética?"

ToTTó.- "Me sorprende lo que dices. Tu sabes mejor que nadie que no soy experto en materia filosófica. Tu eres el maestro en ese campo.

ToTTó.- "De todas maneras, ya que insistes, tendré el gusto de conversar de este tema. Pero no te hagas ilusiones, mis ideas son simples.. Lo que expliqué tu me lo enseñaste."

ToTTó.- "¿Cómo te enteraste de lo que expliqué en mi taller?"

Antonio de Pórcel Flores Jaimes Freyre

Antonio.- "Me contaron que explicaste parte de tu "Teoría Poética". Específicamente, hablaste de "El Impacto Emotivo" del Período Prosódico (**PP**) utilizando la axiología de Lotze, su teoría de los valores. Su famosa aserción que dice que: *"Los valores no son, sino que valen"*. Que explicaste principios de metafísica y de ontología hablando de varios filósofos famosos."

ToTTó.- "Es verdad. Me lancé a la ventura casi sin darme cuenta. Cuando después pensé seriamente en el asunto, me asuste un poco. Tu sabes que soy un ignorante en materia filosófica. Solamente repetí algo que tu me dijiste en nuestras conversaciones, lo poco que recordé en esos momentos."

ToTTó.- "La verdad es que tu haz leído mucho más que yo acerca de este tema. Ahora me siento avergonzado en tu presencia y no se que más te puedo decir. Espero que tu comprendas mi situación."

Antonio.- "Nada de eso. No tienes porque sentirte así. Todo lo contrario. Los comentarios que oí, no sólo fueron positivos, sino estupendos."

Antonio.- "No podía ser de otra manera, porque eres un mago cuando se trata de explicar conceptos difíciles. Tienes el talento de volverlos muy sencillos y fáciles de entender. Talento este que, sabes bien, yo no lo tengo. Siempre me dices que complico las cosas sin motivo. ¿No es verdad?"

ToTTó.- "Como de costumbre, me siento halagado con tus palabras, dótan de cierta importancia a mis pensamientos." "Con franqueza te digo, no esperaba que fueran recibidos de ese modo. Pero en fin, si tu lo dices, tengo que aceptarlo."

Antonio.- "Tu y tu humildad innecesarias. Una de tus alumnas me contó con detalle, lo que dijiste y me pareció muy acertado. Un poco superficial, pero bastante cierto. Hiciste un análisis interesante, entrelazando las teorías de varios filósofos que, en realidad, tienen poco en común. No se como lograste hacerlo. Creo que para mi eso sería casi imposible."

Antonio de Pórcel Flores Jaimes Freyre

ToTTó.- "Ahora eres tu quien me sorprende. Tu eres el experto en la materia. Tu eres el filósofo, el estudioso que no para de leer textos difíciles, hasta entenderlos completamente."

"Me es imposible aceptar lo que me dices. No se puede comparar un aficionado diletante, con un virtuoso en la materia."

Antonio.- "Ja, Ja, Ja. Deja los halagos para quien los necesitan. Vayamos al tema que quiero discutir contigo."

ToTTó.- "No son halagos. Pero tienes razón. No perdamos más tiempo. ¿Cuál es el tema que quieres que discutamos?"

Antonio.- "Quiero que me repitas lo que dijiste acerca del contenido filosófico, valorativo del 'Impacto Emotivo.'"

ToTTó – "No puedo hacer. No pienso darte una charla, acerca de algo que apenas conozco. Tu eres el experto en la materia. Es tu turno de explicar, como la emoción y el sentimiento de la poetiza y/o del poeta, contenido en el texto del poema, se trasmiten y despiertan la emotividad de quien lo lee y/o lo declama, en forma un 'Impacto Emotivo'."

Antonio.- "Me pones en una situación bastante difícil. Si sé algo de filosofia, probablemente un poco mas de lo que tu sabes. Pero tu sabes mucho más de poética que yo. Haré con gusto lo que me pides, pero antes tienes que explicarme, como relacionaste los valores, con el 'Duende y el Impacto Emotivo' del poema. ¿Que tiene que hacer Lotze con el Duende?"

ToTTó.- "¿Te acuerdas que alguna vez dijiste que Lotze es para ti, uno de los filósofos más interesantes, especialmente respecto a su teoría axiológica?"

Antonio.- "Si. Me acuerdo. Hace tiempo conversamos de su concepción y definición de "Valor". Fue una charla enteramente filosófica, sin relación alguna a la creación literaria y menos a la creación poética."

ToTTó.- "Si recuerdo bien, creo que hiciste el puente. Relacionaste el valor con su significado semántico, si no me equivoco."

Antonio.- "No recuerdo haberlo hecho. Por favor; ¿Puedes explicarte?

ToTTó.- "Trataré de hacerlo lo más breve que sea posible."

Antonio.- "Toma el tiempo que sea necesario, pues esta conversación me es muy interesante."

ToTTó.- "Me explicaste el "Valor" para Lotze no tiene existencia, "No Es". Me diste el ejemplo, que un adjetivo como ser: el "color azul': "No Es" es en si mismo, no existe. Para existir requiere ser parte de algo existente. Sólo existe como una cualidad del cielo. Dijiste que es el "cielo" que existe, con un color azul."

Antonio.- "Si. Me acuerdo que te di ese ejemplo, que ahora no me parece muy interesante que digamos."

ToTTó- "Por largo tiempo me quedé pensando en eso. Te acuerdas que, en otra charla que tuvimos, te dije que: "si el color azul no tiene existencia, es porque es un "adjetivo" que requiere de un sustantivo para existir."

Antonio.- "Si. Me acuerdo. Me pareció muy interesante lo que me dijiste. Fuiste tu quien hiciste el puente y no yo. Simplemente acepté tu definición del valor como un adjetivo, pero no le di mucha importancia."

Antonio.- "Ya sabes que la gramática nunca me ha gustado y la he tenido que aprender a la fuerza."

ToTTó- "Pensé que si el "valor" es un adjetivo puede ser definido como la "Esencia" (o mejor dicho, como la "Potencia" en el sentido Aristotélico) que requiere de la "Existencia", para convertirse en "Substancia". Claro que todo esto tu me lo haz explicado varias veces. No se si lo que estoy diciendo tiene sentido común, desde tu punto de vista. Quisiera que seas tu quien explique y aclare si lo que dije tiene o no tiene sentido. "

Antonio de Pórcel Flores Jaimes Freyre

Antonio.-"Lo dijiste muy bien. Aristóteles define la "sustancia" como el producto de la interacción de la "esencia" y de la "Existencia. Es decir que la "esencia" tiene la potencia de existir, sólo cuando posee "existencia".

Antonio.- "Como dijiste con el ejemplo de los adjetivos. El color de una flor, *"la esencia de la flor en su color, existe participando de la existencia real de la flor"*. El color no tiene existencia en si mismo, carece de *"sustancia ontológica"*, la adquiere participando de la existencia en la flor. Si la flor no existe, su color tampoco existe."

ToTTó- "¿Quieres decir que los adjetivos son como los valores, que no tienen *'sustancia'* que son pura *'esencia'*?"

Antonio.- "Puedes definirlos de esa manera. Sin embargo, no creo que los adjetivos sean "valores" como son la "belleza", la "verdad", la 'justicia" , etc. etc.. Pero los valores pueden compararse a los adjetivos (calificativos), en el sentido que necesitan la existencia de un objeto (al que pertenecen) para adquirir su "susbtancia (uso el término en sentido Aristotélico)."

ToTTó- "Esto se pone interesante. Generalmente pensamos que los valores, especialmente los que mencionaste (belleza, verdad, justicia), son existentes en si mismos, como son los objetos que podemos percibir, materiales o ideales."

Antonio- "Es así y no es así. Mencionaste al filósofo Lotze. Para él no valores no existen, solamente "Valen". Frege afirma que lo que no es objeto, es función."

ToTTó- "¿Explica que quiere decir el filósofo Frege?"

Antonio- "Su concepto es similar al de Lotze. Los objetos *"son"* poseen la susbtancia del *"Ser"*, mientras que los valores *"funcionan"*, calificando y explicando como son los objetos."

Ejemplo:

Versos de ToTTó
"Bellas las "Rosas" rojas de tu amor
florecen,
en el jardín de mi corazón:
¡Te amo!"

Antonio- "En estos versos, la metáfora usa el valor belleza y el adjetivo rojas, indicando cualidad del Amor. El valor y el color son una *"función"* en y de las rosas. Las rosas son, pero el color y el valor no son por si mismos, sólo existen como parte de la existencia de las rosas."

Antonio- "Es más, la metáfora, simbólicamente, se refiere metafóricamente, al corazón del amante que *"sangra rojo"*, ya que las rosas tienen espinas. Lo que no es *"bello"*."

ToTTó- "¿Quieres decir que el valor y el color sólo existen si las rosas existen, pero que las rosas y sus espinas tienen existencia propia, porque son objetos y no valores?"

Antonio.- "Se puede decir que el *"Amor del amante"* es placentero y a la vez doloroso."

ToTTó- "Si te entiendo bien, parece que la metáfora muestra la una polaridad en el valor: el amor es *'bello'* y al mismo tiempo, es *'dolor'*".

Antonio.- "Bien que mencionas el concepto de *'polaridad'* del valor. El valor positivo y su contrario, el valor negativo."

ToTTó- "La metáfora contiene ambos. ¿No es así?"

Antonio- "Así es. La función del valor es positiva o negativa. En ese caso el *'Amor'* como un objeto, posee el valor con sus dos polos: *'la belleza del las rosas y el fealdad de las espinas.'*"

ToTTó- "Dices que la metáfora usa: el color: *'rojas'* de las rosas y el color *'rojo'* del corazón, simbolizan los dos polos del Amor: "placer y dolor.""

Antonio de Pórcel Flores Jaimes Freyre

Antonio- "Tienes razón. El adjetivo *'rojas'* contiene ambos polos: *'el placer y el dolor, lo bello y lo feo'.*"

ToTTó- "¿El adjetivo funciona calificando al Amor?"

Antonio.- "Bueno, creo que es más complicado que eso. Pero no entremos en esa discusión. Prefiero que ahora, por favor, tu me expliques como el valor, se relaciona con el "Duende" y el 'Impacto Emotivito' del verso."

ToTTó- "Trataré de hacerlo, pero antes quiero preguntarte si te acuerdas de nuestra discusión acerca de mi "Teoría de la Creación Poética."

Antonio- "Si que me acuerdo. ¿Quieres que haga un corto resumen del "Duende" y la creación del "Poema?"

ToTTó- Por favor refréscame la memoria."

Antonio- "En tu taller de Poética, dijiste que el "Duende" está dormido en la tercera esfera de la creación artística. ¿Verdad?"

ToTTó- "Si, la esfera del "Duende" es la más pequeña de las tres esferas y constituye el "Núcleo" de la creación poética."

Antonio- "Además, explicaste como el "Duende", que está dormido en el inconsciente de la poetiza y/o del poeta, se "despierta" con la estimulación de las segunda esfera, por la acción inspirativa de la Musa. ¿Verdad?".

ToTTó- "Si, en la segunda esfera, la Musa cambia la percepción del mundo real, la transforma en percepción poética, creándola como una parte del mundo poético, donde no existen el espacio ni el tiempo.

ToTTó- "Este cabio constituye la base de la 'Inspiración Poética'. La Musa inspira y transmite a la tercera esfera, la del 'Núcleo Poético'. Esta inspiración despierta al Duende."

Antonio- "¿Qué pasa cuando el "Duende" se despierta?"

ToTTó- "El "Duende" busca en el subconsciente de la poetisa y/o el poeta, uno o varios valores, los combina con la inspiración y crea el 'Sueño Poético'.""

Antonio de Pórcel Flores Jaimes Freyre

Antonio – "¿Crees que los valores son esencias que radican en el inconsciente?"

ToTTó- "Eso es lo que mi teoría postula. ¿Dónde más pueden estar las esencias valorativas sino esencia sin existencia?"

Antonio.- "Me haces pensar que los "**valores**", son sueños que adquieren su existencia, cuando se vuelven "consientes."

ToTTó- "Perfectamente. El Duende usa el contenido de la "inspiración", para seleccionar uno o más **valores** y con ellos, crea el 'Sueño Poético', que se trasmite a la conciencia."

Antonio- "¿Puedes explicarme cuál es la relación entre el **'Sueño Poético'** y el **'Lenguaje Poético?'**"

ToTTó- "Trataré de hacerlo, pero este diálogo se está poniendo muy largo. ¿No te parece?"

Antonio- "Como de costumbre, no alargamos sin darnos cuenta. Pero, no hay otro remedio. No me dejes con la pregunta ni con la curiosidad."

ToTTó- "Está bien, Veremos que puedo decirte.

Sueño Poético y Lenguaje Poético

ToTTó- "Cohen "define e interpreta el "lenguaje poético" a una "metamorfosis" del lenguaje corriente.

("... *en el camino surge una metamorfosis. (Cohen, 1984:199)*

Antonio- "¿Una metamorfosis!?¡ ¿Cómo es eso? Los expertos en literatura *(y/o poética)*, generalmente, se refieren al "lenguaje poético". Opinan que la transformación del lenguaje corriente, es un cambio de semántico *(tropos)*, en el significado corriente *(explícito)* de palabras. etc. etc.."

Antonio- "Llaman "Lirismo" *(poesía lírica)* al contenido emocional del poema, haciendo hincapié en las reacciones afectivas, que el poema produce."

Antonio de Pórcel Flores Jaimes Freyre

ToTTó- "En mi opinión, dichos cambios, definidos de esta manera, pertenecen a la "Dimensión Semántica" del poema."

ToTTó- "Se acercan un poco al "Impacto Emotivo". Pero creo que esto no es suficiente, para definir, las características "existenciales", que produce el lenguaje poético.

ToTTó- "El lenguaje poético no es simplemente una variación del significado corriente de las palabras en el verso, es una transformación, una 'Metamorfosis Esencial' de la percepción e interpretación del mundo real. Esta mágica metamorfosis, producida por la Musa forma el mundo poético de la poetiza y/o del poeta."

ToTTó- " "La Metamorfosis que produce el Lenguaje Poético, es una transformación que va más allá de la dimensión semántica, es una **'Metamorfosis Existencial'**. Esta mágica transformación afecta, principalmente a el "Impacto Emotivo." del poema."

Antonio- "¿Cómo se relaciona esta **'Metamorfosis Existencial'** con el "sueño poético"? Por favor: ¿Puedes darme un ejemplo?"

Ejemplo

ToTTó- "En esta metamorfosis, el 'Sueño Poético', creado por el Duende, es el "gusano de seda". Vive en el en el "capullo valorativo" del inconsciente de la poetisa y/o el poeta.

Antonio- "¡Qué interesante!". Sigue por favor."

ToTTó- "Cuando el gusano está listo para su metamorfosis, sale el este capullo y pasa a la mente consciente de la poetisa y/o del poeta, donde se trasforma en la mariposa poética, cuyas bellas alas, forman el "lenguaje poético".

Antonio- "Bonito ejemplo en forma de metáfora. ¿Cómo nace el poema en la mente consiente de la poetisa y/o del poeta?"

ToTTó- "Estimulada por esta mágica transformación, la mariposa vuela al mundo real, en forma de un poema. Como resultado de esta metamorfosis, el "Sueño Poético" se convierte en un "Poema", usando el 'Lenguaje Poético'."

Antonio- "¿Quieres decir que, en este ejemplo, el "gusano de seda es un símbolo del sueño poético, existe en su capullo, como esencia de la mariposa, que es el símbolo del poema?".

ToTTó- "Al convertirse en mariposa, que es un símbolo del poema, adquiere una nueva existencia, en la mente de la poetiza y/o del poeta. El sueño poético deja de ser esencia y forma parte de la existencia del poema."

Antonio- "¿Dices que, de la misma manera, el 'Sueño Poético' radica, en el inconsciente, como esencia del poema?"

ToTTó- "Si, eso quiero decir. El 'Sueño Poético', escrito en 'Lenguaje Poético', adquiere su 'Susbtancia', como parte de la 'Existencia' del poema."

Antonio- "¿Cómo es esta metamorfosis?"

ToTTó- "Esta metamorfosis es existencial: de esencia de gusano pasa a ser existencia de mariposa; de sueño poético a poema. De lenguaje corriente *(prosaico)* a lenguaje poético."

Antonio- "Hace tiempo conversamos acerca de tu *'Teoría de la Creación Artística'*. ¿Dónde encaja en tu *'Teoría el Lenguaje Poético*?"

ToTTó- "De cuerdo a mi Teoría de la Creación Artística, el poema adquiere su propia existencia en el mundo poético, cuando la poetisa y/o el poeta, dominan el uso del lenguaje poético, tienen el talento de 'Metamorfosear' el 'Sueño Poético' en poema y *transforman el gusano en mariposa*".

Antonio- "¿Puedes explicar cuáles son las características del lenguaje poético?"

ToTTó- **'El Lenguaje Poético'**:

1.- Trasforma la palabra corriente, dotándola de existencia propia en el mundo poético.

Ejemplo

Versos del Poema
de ToTTó, titulado:
"Me Dejaste Media Vida"

"Princesa de fuego y divino,
. . . ¿Por qué me haz despertado?"

Interpretación:

Primer Verso:

ToTTó- "La *'Princesa'* es de *'fuego'*, del infierno y al mismo tiempo es *'Princesa'* de lo divino, del cielo. Es *'Princesa'* del mal y del bien.

ToTTó- "La *'Princesa'*, adquiere la existencia natural, la naturaleza buena y mala del ser humano. En este sentido, podemos decir que la: *'Princesa' representa la manzana del paraíso terrenal."*

Segundo verso:

ToTTó- "El segundo verso, hace referencia al pecado original, que *'despertó'* en el ser humano el el conocimiento del bien y del mal. El ser humano: *'despertó' al mundo real."*

. . . ¿Por qué me haz despertado?"

ToTTó- **'El Lenguaje Poético'**

2.- "Elimina la necesidad del "tiempo" y del "espacio" *(catego-rías necesarias para la percepción del mundo real -"Kant"-)*, creando un tiempo y un espacio imaginarios y existenciales.

Antonio de Pórcel Flores Jaimes Freyre

Ejemplo

Poema
de ToTTó Titulado:
"Pensamientos de Un bohemio"
Primeras dos estrofas
del Primer Canto

Canto I

"¡Allí!
Donde el espíritu viaja libremente
y el alma se contrae en pasiones . . .

¡Ahí!
Dejaré dejaré el amor que se hundió
en el abismo del olvido.

Interpretación:

Primera Estrofa del Primer Canto:

"¡Allí!

ToTTó- "La primera estrofa de este canto indica que la libertad del espíritu no requiere, tiempo ni espacio, que tiene una existencia espiritual, fuera de los confines de este mundo."

ToTTó- "Es un mundo espiritual, donde el *'alma se contrae'*, cuando deja este mundo y pierde sus pasiones."

Segunda Estrofa del Primer Canto:

¡Ahí!

ToTTó- "En ese mundo espiritual, el alma se contrae en pasiones. Contraerse es achicarse, volverse pequeña diluyéndose, poco a poco, en sus pasiones. Una vez que sus pasiones desaparecen, al alma sólo le queda el olvido."

ToTTó- 'El Lenguaje Poético'

3.- "Anula las limitaciones del mundo real. En el mundo poético, "El Todo" y "La Nada", son posibles simultáneamente.

Ejemplo

Poema
de ToTTó Titulado:
"Tiempo"

"De mi muerte la revancha,
de mi revancha la muerte."

Interpretación:

Última Estrofa del Poema:

ToTTó- "La *"vida"* es la *"revancha"* de la *"muerte"*; y a la vez, la *"muerte"* es la revancha de la *"vida""*.

ToTTó- "El "Ciclo" eterno de la inmortalidad, *(la revancha)*, representado en estos versos, nos lleva a la existencia eterna, fuera del tiempo y del espacio."

"El principio = "vida", es el fin = "muerte"
y el principio = "muerte", es el fin = "vida"...

Estos versos, escritos en lenguaje poético, tienen una dimensión existencial, donde el "Todo" y la "Nada" existen simultáneamente.

"El **"Todo"** es la *"vida"* y la **"Nada"** es la *"muerte""*.

ToTTó- **'El Lenguaje Poético'**

4.- "Tiene un efecto existencial. Nos traslada y nos sumerge, en el mundo inconsciente de la poetiza y/o el poeta, *(inspiración),* que es donde el "Duende", crea el sueño poético. Es decir, dota de existencia real al sueño poético, transformándolo en poema. *(Ahí nace la necesidad de escribir el "subtexto del Poema", que narra las circunstancias reales que facilitaron la inspiración poética.)*

Ejemplo
Primera verso del poema
de ToTTó Titulado:
Embrujo De Amor y Espuma

"¡Oí el alarido! Las diosas lastimadas..."

Interpretación:

Última Estrofa del Poema:

ToTTó- **"Al oír el 'Alarido'**, el poeta entra en el mundo de "terror". Si el "alarido es de la Diosas" su existencia se traslada el mundo espiritual donde moran las 'Diosas.".

ToTTó- El "Alarido: no es humano. El "Amor: es "Embrujo y espuma". La existencia de ese "Amor" *(inspirado en el inconsciente de la poetiza y/o del poeta)*, lastima a las Diosas, es un "Amor Divino", "platónico" si se quiere. Es un "Amor" que existe en el poema y que, mágicamente, esta contenido y trasmitido en el lenguaje poético.

ToTTó- **'El Lenguaje Poético'**

5.- "El lenguaje poético: Dota a la palabra de un movimiento existencial, en el cual no existe la velocidad. En este sentido, la existencia del movimiento es eterna e in-espacial."

Ejemplo

Octava estrofa del poema de ToTTó Titulado: "Me Dejaste Media Vida"

"Estos clavos empotrados en mi espalda,
esta cruz que revienta en mi cabeza.
Es venganza de los muertos en los vivos."

Interpretación:

Octava Estrofa del Poema:

ToTTó- "Estos versos indican que: los *"clavos"* están sin movimiento *(empotrados)*. Sin embargo, se sienten *"clavando"* la espalda. El lenguaje poético dota de movimiento existencial a los calvos. "

ToTTó- "De la ,misma manera, la *"cruz"* en la *"cabeza"* no tiene movimiento, sin embargo *revienta existencialmente*."

ToTTó- "Metamorfosis con el Impacto Emotivo se relacionan por medio de los cambios existenciales que produce el Lenguaje. Me parece que el Impacto Emotivo, expresado en el poema por medio del Lenguaje Poético es un producto adicional de la Metamorfosis del Sueño Poético."

Antonio- "Las alumnas de tu "Taller de Poética" me dijeron que explicaste en detalle cuales son los elementos de "Impacto Emotivo". Me contaron que, ingeniosamente, creaste una palabra que facilita recordar estos elementos que forman el "impacto Emotivo". ¿Cuál es esta palabra?"

ToTTó- "La palabra es "AMERTES"."

Antonio-- "Esa es palabra mencionaron. ¡Ja. Ja. Ja! No me explico como me la olvidé, si es tan fácil de recordarla, cambiando las tercera y la cuarta letra: "E" y "R": "AMANTES" ¿Qué significa? ¿Cómo se relaciona con el "Impacto Emotivo"?

ToTTó- "Esta palabra está formada por las primeras letras de los elementos que forman el "Impacto Emotivo."

Antonio- "¿Cuáles y cuántos son esos elementos?"

ToTTó- "En mi teoría poética, el El Impacto Emotivo tiene los siguientes seis (6) elementos"

Acción; Movimiento; Espacio; Representación; Tiempo; Emoción; y Sentimiento."

Antonio- "¿Puedes explicarme un poco más, la función poética de estos seis elementos?"

ToTTó- "Con todo gusto lo haré, aunque este diálogo ya esta muy largo."

Antonio- "No te preocupes por eso. Me es importante entender ¿Qué es el "Impacto Emotivo"? Hablando con tus alumnas me quedé con la curiosidad." Por favor, una corta explicación."

ToTTó- "La acortaré lo más que pueda. Verás:

El "Impacto Emotivo" del verso, se relaciona directamente con la "Dimensión Semántica del poema, nace y depende de los elementos emotivos contenidos las palabras de cada periodo prosódico."

Antonio- "¿Quieres decir que el "Impacto Emotivo" del verso, representa la combinación de los impactos emotivos contenidos en las palabras de cada período prosódico?"

Antonio de Pórcel Flores Jaimes Freyre

ToTTó- "Así es. Es por eso que no es fácil aplicar la ""Anatomía Poética" para analizar el "Impacto Emotivo"."

Antonio- "Esa técnica la inventaste tu. ¿Verdad?"

ToTTó- "Si la concebí como resultado de la interacción poética de mi taller."

Antonio- "¿Cómo fue eso?"

ToTTó- "Muchos de los conceptos de mi "Teoría Poética" han nacido de las discusiones, comentarios, preguntas y respuestas de mis alumnas."

ToTTó- "Después de cada sesión, me he quedado pensando en las respuestas a esas preguntas, lo que me ha servido para ir, poco a poco, completando mi teoría."

Antonio- "!Qué interesante! De manera que las sesiones te sirven de inspiración. ¡Que bueno! Me alegro que sea así."

ToTTó- "Así es. Debido a esa interacción, he podido crear varios conceptos poéticos que son bastante nuevos."

Antonio- "No sólo nuevos, sino novedosos. Pero, volvamos a la explicación de AMERTES. ¿Qué te parece?"

ToTTó- "Tienes razón, nos hemos apartado del tema central."

Antonio – "Creo que era necesario. Espero que nuestros lectores tengan suficiente interés y paciencia . . ."

ToTTó- "Yo también lo espero y lo deseo."

Antonio- "Dijiste que los seis elementos básicos de Impacto Emotivo son: Acción; Movimiento; Espacio; Representación; Tiempo; Emoción; y Sentimiento. ¿Puedes explicarlos con más detalle?"

Elementos del "Impacto Emotivo" AMERTES

ToTTó- "Un período prosódico que es bueno poéticamente hablando, posee un o más de estos elementos que producen un impacto emotivo en el lector y/o en el oyente. La combinación de los impactos emotivos forma el Impacto Emotivo del Verso."

Antonio- "¿La combinación forma el impacto emotivo del verso? Esto se va poniendo interesante y complicado."

ToTTó- "Parece complicado, pero no lo es. Aplicando al verso el análisis de la "anatomía poética", se puede juzgar la calidad poética del verso, en cuanto se refiere a su impacto emotivo."

Antonio- "Haz mencionad el método de análisis poético que llamas: "Anatomía poética". Ahora no tenemos tiempo para conversar más detalladamente. ¿Qué te parece si dejamos este tema para el próximo diálogo?

ToTTó- "Me parece apropiado. ¿Quieres que continúe con la explicación del impacto emotivo del verso?"

Antonio- "Claro que si. continua por favor."

Antonio de Pórcel Flores Jaimes Freyre

"AMERTES"

ToTTó- "La Acción (A) produce un impacto emotivo al despertar en el lector y/o el oyente relacionado con algo que le ha sucedido o está por sucederle (imaginariamente). Despierta cierto recuerdo oculto en el inconsciente, relacionan el verso con las experiencias personales. Las circunstancias existenciales en las cuales se produjo la "inspiración" y el "sueño poético', que ha sentido la poetiza y/o el poeta al tiempo de la creación del poema.'

ToTTó.- "La poetisa y/o el poeta, han sembrado en el verso, sus propios sentimientos y/o emociones, que el poema nos trasmite."

Antonio- " Puedes darme un ejemplo de dos de los elementos del "impacto Emotivo", usando uno de tus poemas?"

ToTTó- "Claro que si. ¿Que elementos escoges?

Antonio- "Ese tu poema donde la Diosas están lastimadas, se titula: Embrujo de Amor y Espuma, escojo la "Acción" y la "Representación."

Poema de ToTTó
titulado:
Embrujo De Amor y Espuma

Poema
de Antonio de Pórcel, (ToTTó " El Bohemio
Rosarito, Baja California, Agosto 15 del 2010"

"Oí El alarido De Las Diosas Lastimadas"

Primera Estrofa

¡Oí el alarido! / Las diosas lastimadas...
(PVR5   +   PVR6   =ER11)
Mi pecado, / fue el amarte sin Consuelo.
(PVR3   +   PVR8   =ER11)
Maldigo tu rayo, / que desgarró mi cielo
(PVR5   +   PVR6   =ER11)
y hundió mi suerte. / ¡Tormentas desalmadas!

(PVR5 + *PVR6* *=ER11)*

Antonio de Pórcel Flores Jaimes Freyre

Impacto emotivo del primer verso de la:

- Acción:

> *¡Oí el alarido! / Las diosas lastimadas…"*
>
> **Impacto:**   **Acción**   **Representación**

Impacto emotivo del primer verso

- Acción -

ToTTó- 'El primer verso tiene dos períodos prosódicos. En el primer período prosódico, al *¡Oír el alarido!,* el poeta se sorprende, se asusta, tiene miedo, se conmueve.

- Representación -

ToTTó – "En el segundo período prosódico, al darse cuenta que *¡el alarido!* representa a *Las diosas lastimadas…,* su emoción es espeluznante, sus pelos se paran de punta, se le seca la garganta, traga saliva. Su respuesta es de terror y se queda 'paralizado'."

ToTTó – "Las emociones que siente el poeta, están inmersas y son contenidas en el verso. En forma mágica, el lenguaje poético, las trasmite, de manera que quien lee el verso o lo escucha, las vuelve a sentir en forma emocional, como si fueran suyas y están ocurriendo en tiempo presente. El lector siente que el verso: 'Lo Impacta'."

Antonio- "!Qué interesante tu análisis del los impactos en ambos períodos prosódicos! Sería interesante seguir el análisis del impacto de los demás versos, pero creo que ya no tenemos tiempo."

ToTTó- "Es verdad, sería interesante, pero, como tu dices, ya no nos queda tiempo."

Antonio- " Para finalizar este diálogo:¿Qué te parece si incluimos el poema completo?"

ToTTó- "Me Parece bien incluir el poema completo."

Antonio de Pórcel Flores Jaimes Freyre

Embrujo De Amor y Espuma

Poema de ToTTó
Antonio de Pórcel, (ToTTó " El Bohemio
Rosarito, Baja California, Agosto 15 del 2010"
=============

"Oí El alarido De Las Diosas Lastimadas"

I

Oí el alarido de las diosas lastimados…
Mi pecado, fue el amarte sin Consuelo.
Maldigo tu rayo, que desgarró mi cielo
y hundió mi suerte, en vientos desalmados.

II

!Quedare solo! Si te vas será mi muerte
o una vida sin sentido, mi condena.
Tiembla en mis manos, el miedo de perderte,
lloran mis ojos, lágrimas secas de pena.

III

Lava de amor, en mi volcán revienta
y trae las furias de un dolor violento.
Bella es la carne que tu diablo tienta
quemando mis entrañas, en tu fuego lento.

IV

Mi mente de esta vida esta cansada…
Sin la fe, mi esperanza es pasajera.
Sentimientos, de cenizas en tu hoguera.
y emociones, diluidas en mi nada..

V

Al principio tu camino era florido,
tu jardín era atrayente y delicioso.
Me embriagaste con el bello colorido
de un amor que prometía ser hermoso.

VI

De este sueño, sólo queda la memoria,
vanidoso fue el creer que fui tu dueño.
Me perdí en la quimera de este sueño…
Fue ilusión de ilusiones, perentoria.

VII

Nuestro amor, si fue nuestro, y quien lo sabe…
Tempestad que destrozó, hundió a mi nave.
Triste el sauce que solloza en mi sendero,
la flor marchita olvidada en tu florero.

VIII

Fue en tu alma que me diste un rinconcito,
me juraste: "!Te amaré hasta la muerte!"
Prometiste tus promesas de infinito…
Y ahora !Solo! Ni siquiera puedo verte.

IX

Del amor el viejo adagio nos anuncia
que no ve a la nostalgia, porque es ciego.
El Amor es de uno mismo, la renuncia,
la entrega de nuestra alma y nuestro Ego.

========

ToTTó: El Bohemio:

Fin del diálogo

Antonio de Pórcel Flores Jaimes Freyre

Décimo Diálogo

Antonio de Pórcel Flores Jaimes Freyre

Paloma Peregrina Solitaria

Antonio de Pórcel Flores Jaimes Freyre

Paloma Peregrina Solitaria

De La mente del Poeta al Corazón del Artista
Diálogos de Antonio y ToTTó

(Omaha 20 de mayo del 2005)

Tema: Poema Titulado: "Siempre"
de Don Ricardo Jaimes Freyre

Introducción

Este poema ha sido y sigue siendo fuente de mi inspiración poética. Es para mi, incomprensible imaginarme el estado anímico del poeta al escribirlo.

Es un poema de "Amor" en el cual la palabra "Amor" no está incluida. Todo el poema es una estupenda "metáfora". Explica en ella el poeta, no sólo lo que para el es el "amor", si no que lo demuestra emocionalmente. Es decir, que el soneto tiene un grande "Impacto Emotivo", que llega a lo más profundo del sentimiento humano.

Otra calidad del soneto *(no la es única, ni es la mayor)* es el "Lenguaje Poético" usado por el autor en forma magistral.

Diálogo

Antonio.-   "ToTTó, ¿Qué es lo que te dice este lindo poema, que empieza: ***Peregrina Paloma Imaginaria...?***"

ToTTó.-   "Es de verdad muy lindo, quizás uno de los mejores poemas de tío Ricardo. Su titulo es **"Siempre"** y creo que Ricardo lo llamó así, por que en él nos habla de un amor que es un esperar eterno, para **"Siempre"**."

Antonio.- "Dices, que para Ricardo el *amor es un esperar eterno* pero: ¿Por qué debemos esperarlo para siempre? Ese amor nunca llegará y nuestra esperanza es vana, no tiene sentido."

ToTTó.- "Bueno puedes interpretarlo así, pero el poema va mas allá de toda esperanza. Este poema es un canto a la fuente del amor, de la cual el poeta bebió alguna vez. Quizás lo hizo hace mucho tiempo, sus aguas le quitaron la sed de amar, pero solamente por un momento, un pedacito de tiempo, muy corto comparado a la eternidad. De manera que el poeta sigue sediento. Su sed de amar nunca se calmará no importa cuanta agua de amor beba de la fuente."

Antonio.- "¿De dónde sacas eso del canto a la fuente del amor? Esa metáfora es interesante, explícame por favor."

ToTTó.-"Verás. Para el poeta la **paloma** representa al amor. Es una paloma que **peregrina** a la fuente del amor para beber de sus aguas y calmar su sed de amar. Pero ésta **paloma** es solo **imaginaria**, porque ya no existe en la vida del poeta como una realidad. Quisás haya existido en tiempos más felices."

La **paloma** es el símbolo de la fuente de ese amor, que **enardece** los deseos y la necesidad de amar, que siente en poeta. Es su **alma**, su **luz**, su **música** y sus **flores**. Es decir, todo lo bello que existe en la vida, se puede reducir a ese amor imaginario y redentor, que el poeta espera "Siempre". El amor es su **paloma peregrina imaginaria**."

Antonio.-"Muy interesante lo que dices de la primera estrofa del poema. ¿Cómo interpretas la segunda estrofa?"

ToTTó.-"**La adusta roca solitaria** es el alma del poeta, que en el momento de escribir el poema, se encuentra bañada en un **mar glacial de dolores**. El poeta ha perdido el amor y su angustia hierve en su imaginación. Así, adolorido, tiene la esperanza que ese amor retorne."

Antonio de Pórcel Flores Jaimes Freyre

ToTTó.- "Espera que *la paloma vuele sobre adusta roca solitaria*, para librarlo del dolor de no amar, con *un haz de resplandores*, un arco iris de amor. Su sed de amar es glacial, fría, le seca la garganta dolorosamente. Él quiere que la paloma *vuele sobre esa roca adusta*, trayendo de vuelta, el *haz de resplandores* del amor, al nido que el poeta ha edificado, en su corazón, para el amor."

Antonio.-"O sea que el corazón del poeta está solitario, vacío y adolorido por falta de amor. El poeta se imagina que una *paloma peregrina*, volará hacia él, trayéndole ese amor que ahora es, sólo un pigmento de su imaginación."

ToTTó.-"Si ese es el mensaje de las dos primeras estrofas. *El haz de resplandores,* es símbolo de un arco iris que nace, cuando el cielo llora, al ver como sufre *la roca solitaria*, un arco iris de amor que diluirá su dolor.

Antonio.-"Muy interesante tu interpretación, sigue por favor interpretando las dos ultimas estrofas."

ToTTó.-"En las dos ultimas estrofas del soneto, el poeta añora el vuelo de la *paloma peregrina*. Describe que y como es el amor para él. Nos dice que el amor imaginario y peregrino; que el amor es una: *ala de nieve, ala tan leve; divina hostia* (redentora); *ala divina; lirio y neblina*."

Antonio.- ¿Cómo interpretas las últimas estrofas?

ToTTó.- "El color blanco del paisaje, pinta la ausencia de un amor eterno; la suavidad delicada, anuncia la fluidez ilusoria de un amor imaginario, que es divino, cual hostia blanca, que apenas si se deshace con el calor de un beso apasionado."

Antonio.- " Muy linda tu interpretación.

Antonio.- "Para terminar este diálogo, te parece que debemos incluir los dos sonetos. ¿Qué te parece?"

ToTTó.- "Me parece bien. Así nuestros lectores podrán compararlos y hacer sus propias intepretaciones."

Antonio de Pórcel Flores Jaimes Freyre

==========

"Siempre"
Soneto de Ricardo Jaimes Freyre

Peregrina paloma imaginaria
que enardeces los últimos amores;
alma de luz, de música y de flores,
peregrina paloma imaginaria.

Vuela sobre la roca solitaria
que baña el mar glacial de los dolores;
haya a tu paso un haz de resplandores
sobre la adusta roca solitaria.
Vuela sobre la roca solitaria
peregrina paloma, ala de nieve,
como divina hostia, ala tan leve . . .

Como un copo de nieve, ala divina,
copo de nieve, lirio, hostia, neblina,
peregrina paloma imaginaria.

==========

Ricardo Jaimes Freyre

==========

Amor de Poeta en Agonía
Soneto de ToTTó
(Respuesta de ToTTó)

==========

"*Paloma Peregrina Solitaria*"
Soneto de ToTTó

Peregrina, paloma solitaria
amor de poeta en agonía;
volaste dejando su alma vacía.
Peregrina paloma, solitaria.

Peregrina al nido, en feliz día…
Anida en el haz de resplandores.
Vuelve del mar glacial, vuela a porfía,
a calmar del poeta los dolores.

Paloma, cual castalia cristalina:
de música, de lirio y de neblina,
al nido de luz, vuela, peregrina.

Cual copo de nieve, hostia divina,
enardece al poeta, colombina.
Paloma solitaria y peregrina.
=========

Fin del Diálogo

Antonio de Pórcel Flores Jaimes Freyre

Undécimo Diálogo

Antonio de Pórcel Flores Jaimes Freyre

Prosa y Poesía: de la Oración al Verso

Antonio de Pórcel Flores Jaimes Freyre

Prosa y Poesía: de la Oración al Verso

La Metafísica del Verso y la Ontología de la Prosa.

Diálogos de Antonio y ToTTó

Diálogo

Antonio- "Hola ToTTó, Que gusto el mío poder reunirnos una vez más, para cambiar ideas y tratar de explicar las incógnitas que encierra nuestro pensamiento. Bienvenido a nuestros diálogos."

ToTTó- "Antonio, el placer es mío. Hace tiempo que no nos reuníamos a conversar y no me explico porque dejamos que el tiempo nos cierre las puertas."

Antonio.- "No hay necesidad de echarle la culpa al tiempo, pues, como decía mi madre:

"Uno siempre tiene bastante tiempo para hacer aquello que realmente quiere hacer"".

ToTTó.- Como de costumbre, tu distinguida señora madre tiene la razón. Pero, las horas no cesan de jugarnos una broma haciéndonos creer que se pasan sin nuestro consentimiento. Bueno, basta de especulaciones y de buscar disculpas, el hecho es que, felizmente, aquí estamos. ¿Cuál es estema de nuestro dialogo? Si puedo preguntarte.

Antonio.- " Me gustaría conversar acerca de la diferencia entre la Prosa y la Poesía. Tengo entendido que el tema no es nada nuevo y que se lo ha discutido en todos los tiempos, pero créeme; hasta la fecha no estoy satisfecho con las explicaciones que se han dado. Quiero saber ¿Qué es lo que tu crees distingue una oración escrita en prosa de un pensamiento escrito en verso?

Antonio de Pórcel Flores Jaimes Freyre

ToTTó.- La verdad es que tu haz leído mucho más que yo acerca de este tema, de manera que no creo que pueda añadir nada nuevo. Para empezar, no se lo que los expertos han dicho o escrito, lo único que te puedo decir es lo que yo pienso que, desde luego, no creo clarificará tu entendimiento."

Antonio.- "Eso es lo que realmente quiero: saber lo que tu piensas sin repetir pensamiento y conceptos ajenos a tu experiencia."

ToTTó.- "Como de costumbre, me siento halagado con tus palabras que dotan de cierta importancia a mis pensamientos. Con franqueza te digo que yo no los considero ni importantes ni novedosos, pues, en la noche obscura de mi ignorancia, apenas se vislumbra lejana la pequeña luz de una luna en cuarto menguante."

Antonio.- "Tu siempre con la humildad por delante. Cualquiera creyera que pierdo mi precioso tiempo hablando contigo. Pero no es así, tienes el don de abrir mi pensamiento a cosas nuevas y novedosas. Es por eso que me gusta reunirme a dialogar contigo. Pero es hora que nos dejemos de entretelones y vayamos directamente al tema central de esta conversación. ¿No te parece?"

ToTTó.- "Desde luego, estoy dispuesto a saltar a la corriente y que me lleve el río en camino a esas tus selvas desconocidas donde reinan los mosquitos. Allá, al desnudo, mis pensamientos sufrirán de tus picadas y a rascarse se dijo."

Antonio.- "Ja, Ja, Ja. Ahí sale otra vez tu buen humor metaforizando la realidad. El río es manso, de aguas cristalinas y los mosquitos están saciados, no les tengas reparos ni miedos."

ToTTó.- "Y yo sin poder escaparme de todo esto..."

Antonio.- "Como te dije, vamos al grano. Permíteme preguntarte: ¿Cuál es la diferencia entre una oración en prosa y un verso?"

ToTTó- ""La prosa, cuando es buena, es comunicativa. El escritor usa el lenguaje para explicar, describir, presentar una idea, un suceso, un evento, un sentimiento o una emoción, en forma clara y concisa."

ToTTó- "De manera que el lector no tenga dificultad en entender y comprender, no solamente lo que está explícitamente escrito, sino también aquello que está oculto, implícito entre la maraña de palabras y sentencias; aquello que va mas allá del sentido común. La prosa es bidimensional, con el cuadro del pintor que pretende una tercera dimensión."

Antonio.- "Interesante tu manera de explicar lo que entiendes por Prosa, pero no comprendo intrínsecamente. Quisiera que expliques con mas detalle tu concepto de bi-dimensionalidad de la prosa. Pero antes, dime: ¿Qué es el verso?"

ToTTó.- El verso es intuitivo, no comunica, estimula el pensamiento del lector abriendo un horizonte nuevo en un mundo poético que, en la mayoría de los casos, es extraño al lector. El verso, en realidad, no usa el lenguaje, lo crea al capricho del poeta."

Cuando el verso tiene Duende, no hay nada en él de explicito, el mensaje es figurativo, casi etéreo, subyuga y trasciende. La poesía es multidimensional si es buena. Tiene, por lo menos, tres dimensiones y es, de la profundidad del verso, que nace el Duende; o, si se quiere expresarlo al contrario, es el Duende que genera la profundidad y la multi dimensionalidad del verso."

Antonio.- Ahora mencionas al Duende, ese elemento misterioso encerrado ene l núcleo de la inspiración. Así lo definiste enana de nuestras discusiones anteriores. ¿No es verdad?

ToTTó.- "Si recuerdo que conversamos del Duende y lo expliqué así como dices en un comentario que escribí sobre una conferencia que dio Don Ortega Y Gasset en la cual el gran escritor trata del este tema."

Antonio de Pórcel Flores Jaimes Freyre

Antonio.- "Gracias por la aclaración, pensé que discutimos este tema en uno de nuestros diálogos, pero ahora me acuerdo que lo explicaste en uno de tus ensayos. Una vez mas mencionas el concepto de dimensionalidad poética. ¿Qué es lo que quieres decir?"

ToTTó.- "La prosa está limitada por las dos dimensiones del lenguaje y del papel, el verso no tiene limites. El verso crea el pensamiento de manera sutil que requiere del lector un cierto alejamiento del pequeño mundo que lo rodea, para sumergirlo en un mundo poético, irreal de múltiples dimensiones. Mundo este donde el tiempo es la cuarta dimensión."

Antonio.- "Discúlpame, pero ahora si que me perdiste. ¿Podrías explicar porque crees que la prosa esta limitada a dos dimensiones?"

ToTTó.- "La prosa no puede librarse de las limitaciones del lenguaje; la sintaxis, la prosodia, la semántica, la ortografía, etc., todas ellas ejercen su poder y su dominio en el escritor que debe conformase a sus dictados."

ToTTó- 'El papel de una manera mágica, fuerza al escritor a comunicar explícitamente sus pensamientos en dos dimensiones: largo y ancho; la profundidad del pensamiento, cuando existe en sus escritos, generalmente está implícita, es decir mas allá de la línea escrita, fuera del papel.

ToTTó- 'Esta "implicidad" obliga al lector a escaparse de la línea y entrar en el mundo de la intuición, de la imaginación que son los dominios del verso y cuyas características son multi-dimensionales."

Antonio.- "¿Quieres decir que el verso no está escrito en el papel y la oración si lo está?"

ToTTó- "Puedes interpretarlo de esa manera en una manera figurativa. El papel que usa la prosa es real, el que usa el verso es simbólico, etéreo. El verso está escrito en la mente del poeta así como están las ideas implícitas en la mente del escritor.

Antonio de Pórcel Flores Jaimes Freyre

ToTTó- "En este sentido, la novela y la obra de teatro se parecen mucho al verso. El mundo irreal de la novela y de la obra de teatro sobrepasan la limitaciones de la prosa.. Sin necesidad de ser poética, ambas son también multidimensionales, pues en ellas, la prosa, lo explícitamente escrito o hablado, no es lo mas importante."

ToTTó- "El novelista y el autor de teatro usan la fuerza del lenguaje, para trascender los limites del libro y del escenario, llevando a la audiencia, al lector a su mundo imaginario donde todo y nada es posible, todo simplemente "ES", sin ninguna posibilidad de "NO SER". Los protagonistas y personajes de la novela nunca mueren por que la muerte no existe en la imaginación."

ToTTó- "El verso nos traslada al mundo poético de la mente del poeta, donde todo ES, la posibilidad no existe."

Antonio- "El Verso es inmortal la Oración no lo es.

ToTTó- "Si los versos y/o poemas que calen la existencia de la poetisa y/o del poeta, del lector y/o del oyente."

Antonio- "Tienes razón. La inmortalidad depende del "lenguaje poético" y del 'Impacto emotivo."

ToTTó- "Los buenos poemas se caracterizan por poseer, no sólo esos dos elementos poéticos, sino las 5 características de un buen poema."

Antonio- " para terminar este diálogo: ¿"Puedes nombrar cuales son esas cinco (5) características?"

ToTTó- " con todo gusto lo haré. La cinco características de un buen poema son:

El Ritmo, la Cadencia Musical, La dimensión Semántica, el Impacto Emotivo y el "lenguaje poético del poema."

Antonio- "Gracias. Como este diálogo se nos ha alargado demasiado, creo que debemos terminarlo. ¿Qué parece?"

ToTTó- 'Tienes razón. Te deseo una linda semana, muy productiva y alegre."

Fin del Diálogo

Antonio de Pórcel Flores Jaimes Freyre

Duodécimo Diálogo

Duodécimo Diálogo

Antonio de Pórcel Flores Jaimes Freyre

La Melodía del Verso

Anoche Te Soñé Bella y Distante

Poema de ToTTó
Para SNC

Antonio de Pórcel Flores Jaimes Freyre

La Melodía del Verso
Anoche Te Soñé Bella y Distante
Publicado en el Blog de ToTTó, titulado:
De La Mente Del Poeta Al Corazón Del Artista

Diálogo

Antonio.- ToTTó, ¿Cómo y cuando escribiste este poema?"

ToTTó.- "Me desperté dictando estos versos a un amigo y pidiéndole que los escribiera de prisa antes de que se me olviden. Sacudí mi cabeza y trate de recitarlos en alta vos. Felizmente no se me olvidaron, así es que de inmediato los escribí sentado en la cama.

Mas tarde los pasé a la computadora, pues sentí la necesidad de enviarlos por Email a SNC, a quien el poema esta dedicado. Al pasarlos hice pequeños cambios en algunas palabras para preservar la rima."

Antonio.- "Dime ToTTó, ¿Porqué dedicaste este poema a SNC?"

ToTTó.- "Cuando escribía los versos, a toda prisa, para no olvidarlos, me di cuenta que el tema central del poema era SND . El amor que nos unió, que todavía nos une y que seguirá uniéndonos. El poema era de ella y necesariamente tenia que ser para ella. SNC fue la musa que me lo inspiro."

Antonio.- "¿Podrías interpretar la primera estrofa?"

ToTTó.- "Haré la prueba con todo gusto. La primera estrofa dice así:

I

*"Entre áridos vestigios, mi luna nueva ilumina
tu partida. Ya mi noche se deshizo, aburrida,
aletargada, diluyéndose. Una aurora que culmina
en silencio, es un ensueño pasajero, es mi vida."*

Antonio de Pórcel Flores Jaimes Freyre

ToTTó.- "El tema central de esta estrofa es la realidad y la irrealidad del sueño. "

Calderón De La barca escribió

"La vida es sueño y los sueños sueños son".

Ricardo Jaimes Freyre escribió:

"Los sueños son vida".

ToTTó.- "La verdad es que nadie sabe, a ciencia cierta que son los sueños. Pocos son los que pueden negar que los sueños forman parte de la realidad."

ToTTó.- "En mensaje de esta estrofa es la partida del ser amado, que es una realidad porque el ser amado se fue; y a la vez es un sueño ya que la presencia del ser amado colorea la vida emocional del amante. La ausencia de ser amado simplemente parece ser irreal."

ToTTó.- "Esta es mi interpretación:

> Los *"áridos vestigios"* son recuerdos no muy gratos que, al ser *"iluminados"* por una *"luna nueva"* (–la necesidad que siente el amante de la presencia del ser amado, que produce esos recuerdos-) se vuelven parte de la realidad presente del amante. Forman su *"ahora"* en el recuerdo. La *"partida"*, que se va repitiendo cada vez que la *"luna nueva"*, la *"ilumina"*.

ToTTó.- "Cuando el amante despierta del sueño: *"mi noche se deshizo"*, el amante se encuentra con una realidad que sigue pareciendo un sueño:

"Una aurora que culmina en silencio".

Antonio de Pórcel Flores Jaimes Freyre

ToTTó.- "Es entonces que, para el amante, la ausencia del ser amado es al mismo tiempo: un

"sueño pasajero", y *"es mi vida."*

Antonio.- Tus interpretaciones son siempre muy interesantes. La verdad es que no se de donde las sacas, ni como se te ocurren.

ToTTó.- ¿Qué quieres decir?

Antonio.- "Quiero decir que no se me hubiera ocurrido interpretar esta estrofa como tu lo haz hecho."

ToTTó.- "¿Cómo la interpretas?"

Antonio.- "Pues verás. Una persona que está muy enamorada, tiene un sueño que le recuerda la partida del ser amado. El sueño esta escrito en versos bastante románticos. El poeta juega con las palabras y con las rimas."

Antonio.- "El primer y el tercer, así como el segundo y el cuarto versos, tienen una rima externa perfecta (las ultimas palabras de cada verso riman exactamente). El segundo verso tiene rima imperfecta (rima interna - partida - aburrida).

El Ritmo

Antonio.- "El primer verso esta formado por tres periodos prosódicos (**PP**): el primer periodo es un compuesto porque termina en palabra grave con acento en la penúltima silaba. Es un heptasilábico (formado por siete silabas, pues, la octava silaba no se cuenta, por ser periodo compuesto) (**PP7**). El segundo periodo es también un periodo compuesto, tetra-silábico (formado por cuatro silabas) (**PP4**) y el tercer periodo es un PP compuesto (formado por tres silabas) (**PP3**).

208

Antonio.- "Veamos el análisis rítmico"

El Primero y el segundo versos:

Entre áridos vestigios / mi luna nueva / ilumina"
    (PC7)   +   (PC4)   +   (PC3)   ERV14
"tu partida. / Ya mi noche se deshizo, / aburrida, "
(PC3)   +   (PC7)   +   (PC3)   ERV13

Antonio.- "Ahora estudiemos la Dimensión Semántica:
La dimensión semántica del primer verso, se completa con la
dimensión semántica en el segundo verso. Así es que se podría
decir, que las dos primeras palabras del segundo verso pertenecen al primer verso. El poeta las escribió en el segundo
verso *(tu partida)* para conservar la rima.

Antonio.- **"El Tercer y el Cuarto versos:**

"tu partida. / Ya mi noche se deshizo, / aburrida, "
(PC3)   +   (PC7)   +   (PC3)   ERV13
"aletargada, / diluyéndose. / Una aurora que culmina"
(PC4)   +   (PC3)   +   (PC8)   ERV15

De la misma manera, la dimensión semántica del tercer verso,
se completa con la dimensión semántica en el cuarto verso.
Antonio.- "En resumen, la fuerza del ritmo de los versos en
esta estrofa, está en el uso de periodos compuestos heptasilá-
bicos. **(PP7)**.
"La Extensión Rítmica de cada verso **(ER)**, varia de ER13 a
ER15.

"En silencio. / Es un ensueño pasajero/es mi vida. "
(PC3)   +   (PC8)   +   (PC3)   ERV14

ToTTó.- "Sin tomar en cuenta la rima, siguiendo la estructura rítmica de los periodos: ¿Cómo se podría escribir esta estrofa?"

Antonio.- "Haciendo resaltar el ritmo y sin tener en cuenta la rima, esta estrofa podría escribirse de la siguiente manera:

Entre áridos vestigios, / mi luna nueva / ilumina tu partida.
   (PC7)   +   (PC4)   +   (PC7)   ERV18
Ya mi noche se deshizo, / aburrida, / aletargada, / diluyéndose . . .
   (PC7)   +   (PC3)   +   PC4   +   (PC3)   ERV17
Una aurora que culmina / en silencio.
   (PC7)   +   (PC3)   ERV10
Es un ensueño pasajero, / es mi vida.
   (PC8)   +   (PC3)   ERV11

Antonio.- "Pero no aconsejo escribir esta estrofa, de esta manera, porque al quitarle la rima, se disminuye la melodía de cada verso y la harmonía de la estrofa."

ToTTó.- "Muy interesante tu análisis técnico de la estrofa. Utilizas tu nueva teoría de verificación castellana, pero: ¿Podrías aclarar un poco mas, los conceptos de melodía del verso y harmonía de la estrofa? En otras palabras, en esta estrofa: ¿Cuál y donde está la melodía de los versos? ¿Cómo se da la harmonía de la estrofa?"

Antonio.- "No es fácil hacerlo pero lo intentare con gusto, primero describiré la melodía del verso."

Melodía del Verso

Antonio.- "Todo verso tiene su propia melodía, que forma lo base melódica del período prosódico (**PP**). La melodía del verso está compuesta por los siguientes cinco (5) elementos poéticos, a saber:

1.- El "Punto Melódico" culminante del verso (volumen de cada sílaba de las palabras que forman período prosódico).

2.- La "Cadencia Musical" del verso (estacato - corta y cortante, o legato – larga y suavizante).

3.- Las "Pausas Rítmicas" (signos de puntuación).

4.- Las "Signos de Interpretación Melódica" (énfasis: admiración, interrogación, etc.).

5.- El "Timbre y Volumen" sonido de cada palabra en si misma, así como la combinación de los sonidos de las palabras del verso (útiles para declamar o actuar el verso)."

Punto Melódico Culminante y Clases de Versos

Antonio.- "Cada periodo prosódico que forma el verso, tiene un punto melódico culminante, que representa al volumen, o sea, la fuera de pronunciación prosódica, de cada sílaba de las palabras que forman período prosódico."

De acuerdo con el punto melódico culminante (volumen) el verso puede ser:

Ascendente Mono - Melódico:

Antonio.- "Cuando el verso tiene sólo un período prosódico, el volumen verso es débil y sutil al principio, su intensidad melódica (volumen) va aumentando hasta llegar a su culminación en la sílaba acentuada, en la ultima palabras del verso."

Ejemplo:

"*Entre áridos vestigios mi luna nueva ilu**mi**na*"

Antonio de Pórcel Flores Jaimes Freyre

Descenderte Mono - Melódico:

Antonio.- "Como en el caso anterior, cuando el verso tiene sólo un período prosódico, la culminación del volumen verso es fuerte al principio (alto volumen), al pronunciar la sílaba acentuada de la primera palabra del verso. Su intensidad melódica (volumen) va disminuyendo hasta convertirse en sonido débil, sutil y suave, al pronunciar la sílaba acentuada, en la ultima palabras del verso."

Ejemplo:

"Sin **ra**stro... es el azul ocaso de tu estela divina,/"

Bi - Melódico:

Antonio.- "Los versos Bi – Melódicos pueden ser:

1.- Ascendentes en los dos períodos prosódicos.
2.- Descendentes en los dos períodos prosódicos.
3.- Ascendentes en el primer período prosódico y descendentes en el segundo período prosódico
4.- Descendentes en el primer período prosódico y ascendentes en el segundo período prosódico.

Antonio.- "Cuando el verso tiene dos (2) períodos prosódicos, la culminación del volumen verso, esta formada por la combinación de los puntos culminantes de cada uno de los períodos prosódicos."

Antonio.- "Si el verso es Bi – Melódico, tiene dos puntos melódicos culminantes formados por el volumen de pronunciación, de las sílaba acentuada en la última palabra, de cada uno sus períodos prosódicos."

Antonio de Pórcel Flores Jaimes Freyre

Multi - Melódico: (3 o mas PPs)

Antonio.- " "Cuando el verso tiene tres o más períodos prosódicos, la culminación del volumen verso, esta formada por
la combinación de los puntos culminantes de cada uno de los
períodos prosódicos."

Antonio.- "Generalmente los versos Multi –Melódicos, hacen
uso de la rima interna, para producir el volumen del sonido
en la modulación melódica múltiple. Rara vez, la rima interna
es usada, para producir más de tres puntos melódicos culminantes, de igual o diferente intensidad sonora."

Ejemplo:

*"tu par**ti**da. Ya mi noche se des**hi**zo, abu**rri**da,/"*

ToTTó.- "Tu extensa explicación, es interesante y bastante
complicada, pero aclara un poco el papel de la melodía del
verso. Ahora: ¿Qué me puedes decir acerca de la "Cadencia
Musical" del verso?"

Antonio.- "La "Cadencia Musical" del verso (Cadencia Melódica) está directamente relacionada al número de periodos
prosódicos que lo forman. Cada uno de los periodos prosódicos tiene su propia cadencia. "

Antonio.- "Cuando el verso tiene sólo un período prosódico,
su cadencia musical es la misma que la cadencia del período
prosódico. Cuando el verso tiene más de un período prosódico, la combinación de las cadencias de los periodos prosódicos forma la "Cadencia Musical" del verso

Antonio.- "La "Cadencia Musical" de un período prosódico
puede ser acentuada **"Staccato"** (voz cortada, martillada) o
"Legatto" (voz continua, alargada, suave y sutil).

ToTTó.- "¿Quieres decir que la combinación de las cadencias musicales de los periodos prosódicos de un verso, forma poéticamente la melodía del verso?"

Antonio.- "Definitivamente, las cadencias musicales de los periodos prosódicos dan al verso su Cadencia Musical (Melódica)."

Pausas Sintácticas y la Melodía del Verso

ToTTó.- "Por favor, explícame la función que tienen las "Pausas Sintácticas" en la Melodía del Verso?"

Antonio.- "Las pausas sintácticas (los signos de puntuación) indican cuando, donde y cuanto tiempo el declamador (recitador) modula la melodía del verso."

ToTTó.- "¿Podrías ser un poco más especifico y darme algunos ejemplos de cómo afectan los puntos de puntuación a la melodía del verso?"

Antonio.- "Déjame ver si es que puedo hacerlo, lo intentaré."

El Punto Seguido y el Punto Final (.)

Antonio.- "El Punto Seguido, escrito en la última palabra *(la que lleva el acento rítmico)*, en uno de los períodos prosódicos, y/o el Punto Final, escrito en la última palabra *(la que lleva el acento rítmico)* del último período prosódico del verso, indican que dichos períodos prosódicos, tienen una cadencia musical culminante de la melodía del verso. Es decir que el tono, la modulación y el volumen es más intenso al recitar o declamar dicho períodos prosódicos."

Ejemplo:

"en silencio. // Es un sueño pasajero, / es mi vida.//"
   (PC3)   /   **(PC6)**   /   **(PC3)**

Antonio de Pórcel Flores Jaimes Freyre

Antonio.- "En este verso, el primer y el tercer períodos prosódicos terminan en un puto (seguido y/o final)

Los Dos Puntos (:)

Antonio.- "Los dos puntos, indican un pequeño cambio en el tono, la modulación y el volumen la intensidad y tono melódicos, al recitar o declamar dicho períodos prosódicos."
Antonio.- "Generalmente, las palabras que siguen a los dos puntos, están separadas por comas o por la conjunción "y", lo que indica que forman periodos prosódicos independientes, con la misma intensidad y/ó tono melódicos."

Ejemplo:

"Brotando /de tus bellos pezones: / ágiles y prístinos,/"
  (PC2)   **/**   **(PC6)**   **/**   **(PC5)**

La Coma (,)

Antonio.- "La coma (,) indica una pausa corta al final de un periodo prosódico, antes de recitar el periodo prosódico siguiente. La coma no tiene efecto en la intensidad y/ó en el tono melódicos, que no cambian antes ni después de la pausa.

Ejemplo:

"Las huellas de tus sombras, / las de Hera,/"
       (PC6)   **/**   **(PC3)**

El Punto y Coma (;)

Antonio.- "El efecto del punto y coma (:) es parecido al de la coma (,) indicando una pausa más larga, más radical.

Ejemplo:

"y jadeantes; / anidadas en tu corazón; / aprisionadas"
(PC3) / **(PP9)** / **(PC4)**

Antonio.- "Cuando el punto y coma (;) está colocado al final del verso, indica un cambio en la Dimensión Semántica del período prosódico, el paso a otro tema, que puede estar o no estar relacionado, con el tema del verso anterior."

Ejemplo:

"bañaba/mi nuevo firmamento,/la savia de tu amor;/"
(PC2) / **(PC6)** / **(PC5)**

Los Tres Puntos Suspensivos (…)

Antonio.- "Los puntos suspensivos (…) indican una pausa suficientemente larga, para dejar que la imaginación del lector o/y del oyente completen lo que puede seguir del el verso. No afectan a la melodía del verso, si no más bien, indican una pausa que afecta la harmonía de la estrofa.

Ejemplo:

"cristalinos, / brillantes, / mojados/ y traviesos…/"
(PC3) / **(PC2)** / **(PC2)** / **(PC2)**

Antonio de Pórcel Flores Jaimes Freyre

ToTTó.- "Realmente me has dado una explicación muy detallada que me servirá de guía. Ahora quisiera que me des tus ideas acerca del papel que, en la musicalidad del verso, tienen los signos de admiración, de interrogación y los paréntesis."

Signos de Admiración, de Interrogación y Paréntesis

Antonio.- "Los signos de admiración (¡!) se indican un nuevo periodo rítmico y un nuevo punto culminante durante la recitación y/o declamación del verso. El poeta, cuando los usa, resalta e intensifica sentimiento y/o emoción, aumentando el "Impacto Emotivo" del verso."

"Soñando sin soñar… / Te amaré: / ¡Hasta la muerte!/"
  (PC5)   **/**   **(PP4)**   **/**   **(PC4)**

Los Signos de Interrogación (¿?)

Antonio.- "Los signos de interrogación (¿?) se usan para hacer preguntas, tal como se usan en prosa. Cambian el tono y la modulación musical del verso, durante la recitación y/o la declamación. Indican una pausa más larga, con el fin de dar al lector y/o al oyente, suficiente tiempo para tratar de adivinar la respuesta."

Ejemplo:

"¿Es tu triste ausencia / suspiro de rayo / agonizando?
  (PC5)   **/** **(PC5)**   **/**   **(PC3)**

Los Paréntesis ( )

Antonio.- "Los paréntesis ( ) se usan para separar ideas que añaden información colateral al tema central del verso, de la misma manera como se los usa en prosa. Algunas veces, el poeta usa paréntesis ( ) además de las comas entre palabras para enfatizar el efecto rítmico.

Ejemplo:

"Mi alma: / (hundida, / temblorosa, / ya gastada / y fría),/"
(PC2) / **(PC1)** / **(PC1)** / **PC3)** / **(PC1)**

ToTTó.- "Muy interesante to explicación, pero creoq ue requiere comentarios más especificos. Qizás puedas completarla en nuestro próximo diálogo. Ahora, quisiera que comentes el efecto que el timbre (la voz al pronuciar una palabra) en la musicalidad me;lódica del verso."

Antonio.- "Tienes razón en tu comentario. Mi explicación es corta y muy sucinta."

Antonio.- "¿Me pides que comente acerca del efecto que tiene el sonido de las sílabas en las palabras que forman un período prosódico? Lo haré con mucho gusto, pues creo que el sonido de la voz al recitar y/o declamar el verso, modulan la melodía del verso y afectan la harmonía de la estrofa."

ToTTó.- "Anda, dale."

Antonio.- "Se dice que ciertas palabras suenan mejor, que tienen timbre musical más agradable al oído, que otras; que ciertas palabras suenan "dulces" y otras "amargas". No es raro encontrar personas que se deleiten con el sonido de ciertas palabras y se perturben con el sonido de otras palabras. Todo esto al margen del significado semántico de la palabra.

Antonio de Pórcel Flores Jaimes Freyre

Antonio.- "Al recitar y/o declamar el verso, uno de los factores mas importantes que modula la melodía del verso y su musicalidad, es el sonido de las sílabas que forman las palabras de los períodos prosódicos del verso."

Antonio.- "Todas las palabras tienen un acento prosódico *(acento que puede ser escrito o no)* en una de sus silabas. Es por eso que la llamo: "Sílaba Rítmica" (**SR**).

La "Sílaba Rítmica" indica el ritmo y debe pronunciarse con mas intensidad que las otras sílabas. Las sílabas no acentuadas se pronuncian mas suavemente, de acuerdo a la Cadencia Musical del período prosódico.

Antonio.- "Además del acento, las silabas tienen su propio sonido o "timbre". El timbre de una palabra esta formado por el sonido de las letras combinadas en cada silaba.

Antonio.- "Por ejemplo, la consonante "L" tiene específico sonidos dependiendo de la vocal que la precede *("la")*, o que la sigue *("al")*."

Antonio.- "Es interesante comprar el sonido de las letras: "L" y "S" en la repetición de las silabas, de las siguientes palabras:

"Lamento, Letra, Lindo, Lorena, Luciérnaga,
Alambre, Elena, Hilo, Óleo, Hule. "

Ejemplo:

"Sin rastro... es el azul ocaso, de tu estela divina,"
sin-ras / es-zul /so/es − la /

Antonio.- "En este verso dominan los sonidos de la "L" y de la "S", solamente tres palabras (**"de, tu, divina"**) no tienen una de estas dos letras."

ToTTó.- "¿Podrías explicar el efecto de la combinación de sonidos de las sílabas afecta a la melodía del verso?"

Antonio.- Para explicarlo debo introducir un nuevo concepto: el *"Timbre Melódico"*. ¿Qué e parece?

ToTTó.- "¡Un nuevo concepto! Aademás de todos los que haz mencionado en este diálogo. Me parece muy bien, por favor, sigue con tu explicación."

La Palabra y el Timbre Melódico

Antonio.- "El *"Timbre Melódico"* es el sonido característico que produce la combinación de las sílabas, en las palabras que forman un período prosódico, al recitar y/o declamar el verso.

Antonio.- "La combinación del sonido de las palabras caracteriza, no solamente: la melodía del verso, si no también la harmonía de la estrofa, la musicalidad del poema, y, finalmente, el estilo del poeta. Podemos decir que cada poeta tiene su *"Timbre Melódico"*, que define su estilo."

Ejemplo:

"Sin tu calor que me arrulle, / sin las aguas de tu llanto,"
(PC8)   +   **(PC7)**   **ERV15**

Antonio.- "En las palabras principales de verso dominan los sonidos de la "L", *(calor. arrulle, llanto)* lo que le produce un timbre suave y dulce, una melodía alargada y cadenciosa." Es interesante notar que, las palabras graves, que llevan el acento rítmico, tienen el sonido de "LL" *(arrulle, llanto).*

ToTTó.- "Finalmente, si no te sientes cansado, que comentes aceca de la "Hamonía Musical" de la primera estrofa del poema."

¿Antonio.- "¿Te refieres al poema que discutíamos, titulado: *"Anoche Te Soñé Bella y Distante?"*

Antonio de Pórcel Flores Jaimes Freyre

"ToTTó.- "Si, ese es el poema que estábamos analizando. Casi nos olvidamos de él, ¿verdad?"

Antonio.- "Casi es verdad, pero no nos olvidamos de él completamente, pues usé varios de sus versos en los ejemplos.

ToTTó.- "Tienes razón los usaste."

Antonio.- "Trataré de ser breve. Nuestros lectores deben estar cansados de leer este dialogo demasiado largo."

Harmonía Musical de la Primera Estrofa
"Anoche Te Soñé Bella y Distante

*"Entre áridos vestigios mi luna nueva ilumina
tu partida. Ya mi noche se deshizo, aburrida,
aletargada, diluyéndose. Una aurora que culmina
en silencio. Es un sueño pasajero, es mi vida."*

Antonio.- "La fuerza de la última palabra de los versos de esta estrofa: ***"ilumina", "aburrida", "culmina"*** y ***"vida"*** es la fuente melódica que define su harmonía musical de esta estrofa. La rima refuerza la el tono harmónico de cada verso, dotándolos de vida y agilidad."

Antonio.- "Cada verso empieza con un tono suave, con palabras tentativas, introductorias y sutiles. La intensidad melódica se va acentuando para terminar, con mas fuerza en la última palabra, que es el punto melódico culminante de cada verso."

Antonio.- "La rima interna de la segunda y la última palabra, en el segundo verso, *("partida" "aburrida")* conecta el punto culminante del final del primer verso, con el punto culminante inicial del segundo verso.

Antonio.- "Esta conexión, incrementa la intensidad inicial del segundo verso y produce una harmonía semejante, al "contrapunto" en música. Es decir que, en el segundo verso, el primer período prosódico, tiene la misma intensidad que el último período prosódico."

Antonio.- "La harmonía de la estrofa se refuerza con la rima externa y la combinación de las cadencias de cada verso entrelazando sus melodías musicales. La harmonía de la estrofa, combina el último período prosódico de un verso con el con el primer período prosódico del siguiente verso. Lo que produce un interrelación temática en la harmonía de esta estrofa.

Ejemplo

> *"ilumina -- tu partida*
> *aburrida, - - aletargada*
> *culmina - - en silencio."*
> *Ya mi noche se deshizo . . .*
> *Una aurora que culmina . . .*
> *es mi vida.*

ToTTó.- "Para terminar nuestro dialogo, creo que es oportuno incluir el texto completo del poema, para que nuestros lectores puedan hacer sus comentarios. ¿Qué te parece?

Antonio.- "Me parece una idea estupenda."

ToTTó.- "El texto de poema completo en la página siguiere."

==========

Antonio de Pórcel Flores Jaimes Freyre

Anoche Te Soñé Bella y Distante
(En Tus Senos Y En Mis Sueños)
Poema dedicado a SDN
Enero 5, 2005
=========

Anoche Te Soñé Bella y Distante
(Tus Senos Y Mis Sueños)
I
Sin rastro... es el azul ocaso de tu estela divina,
oscuro y triste refugio de mi vida placentera.
Las huellas de tus sombras, las de Hera,
se convierten, poco a poco, en mi neblina.

II
Entre áridos vestigios mi luna nueva ilumina
tu partida. Ya mi noche se deshizo, aburrida,
aletargada, diluyéndose. Una aurora que culmina
en silencio, es un sueño pasajero, es mi vida,

III
Sin tu calor que me arrulle, sin las aguas de tu llanto,
sudaba en mi almohada el murmullo de tus pasos.
Marchitas mis esperanzas, deshojados nuestros lazos,
sólo quedan sábanas húmedas para cubrirme de espanto.

IV
Te soñé ahí, en la brea que descansa en mi pantano.
Mi alma: hundida, débil, temblorosa y embarrada, te sentía
caliente, vibrando, palpitando de un amor ya lejano,
que, desgarrado a tu albedrío, aun respira todavía.

V

Te soñé ahí, en la espuma ardiente de tus besos:
cristalinos, brillantes, mojados y traviesos...
Humo, que mancha las arenas secas de mis labios,
que se esfuma, dejándome sin suspiros, sin agravios.

VI

Soñé, al sabor de tu perfume de alabastro iluminado,
que tu amplio busto, ajeno, ¡desconocido! se esparcía;
que, cual agitados volcanes, tus blancos senos crecían,
barnizándome con la lava hirviendo de tu nuevo hado.

VII

Tus pezones: ágiles, orgullosos, potentes, prístinos,
majestuosos, regaban la savia, la leche de tu amor,
en un nuevo firmamento. Dulce, ardiente su sabor,
gota a gota, me embriagaban con tu flamante destino.

VIII

Estático los miré entusiasmado, sin poderlos ver,
deseándote, los toqué apenas, sin poderlos coger.
Presiento que mi boca amarga ya nunca besará
la graciosa cadencia de tu piel. Nada me consuela ya.

IX

Anoche, te soñé así, pero no fue solo un sueño,
despierto te sigo soñando. Aferrado a tu amor,
acaricio mis vanas ilusiones, oscuras de dolor,
que me ahogan; ungiéndome en mi empeño.

Antonio de Pórcel Flores Jaimes Freyre

X

Mis noches son espejos de tus días placenteros
que se fueron, llevándose mis pasiones amarradas
y jadeantes; anidadas en tu corazón; aprisionadas
en tu cuerpo sensual y voluptuoso: Templo a Eros.

XI

Fue solo el sueño: la débil huella de tu partida.
Tu ausencia: un suspiro, semilla de nueva vida,
Soñando sin soñar: te amaré ¡hasta la muerte!
Soñando sin soñar: ¡yo! te deseo buena suerte…

XII

Ya han pasado muchos años, una noche amaneciendo
en los confines de un carro, conversando, interesados
conocimos al amor, unión de almas y de cuerpos
==========

Fin del diálogo

Antonio de Pórcel Flores Jaimes Freyre

Décimo - Tercer Diálogo

Antonio de Pórcel Flores Jaimes Freyre

Y Dios Creo La Evolución

Antonio de Pórcel Flores Jaimes Freyre

Diálogos de ToTTó y Antonio
Y Dios Creo La Evolución

A manera de introducción

Este diálogo ha nacido, de la necesidad de contestar a varios comentarios en Facebook de personas, que con muy buena intención, han reaccionado en forma muy especial a publicación de mi poema titulado: "Evolución", dedicado al genio de Charles Darwin.

Varios de estos mensajes reclaman una explicación y piden que clarifique mi posición, con referencia a la controversia entre: las enseñanzas religioso-cristianas y la de la evolución teoría de "Darwin".

Creo que mi respuesta es sencilla. No tengo posición, ni intención algunas de justificar, aceptar, rechazar o querer modificar dicha teoría. Menos entrar en la polémica.

El poema responde a propia inspiración de la musa. Nació de su creación artística, que es extraña e independiente, de toda afiliación religiosa y/o consideración científica.

El poeta interpreta la realidad, cualquiera que esta sea, de una manera muy personal, convirtiéndola en una realidad poética, que solamente existe, en la mente del escritor.

Espero que sea de su agrado y que responda positivamente a las preocupaciones de las personas que me regalaron su tiempo y su atención en sus comentarios.

Este bohemio les queda agradecido por brindarle la oportunidad de escribirlo. Gracias.

Antonio de Pórcel Flores Jaimes Freyre

Diálogo

Antonio.- "Hola ToTTó, te veo un poco preocupado. "

ToTTó.- "Hola Antonio. Qué bueno que conversamos porque quiero que me ayudes."

Antonio.- "Desde luego, haré lo que pueda. ¿Qué es lo que pasa?"

ToTTó.- "¿Leíste mi poema 'Evolución' ?"

Antonio.- "Si lo leí y me causo muy buena impresión. En pocas estrofas has resumido la información actualizada acerca de la 'Evolución'. Me parece sigues leyendo la revista: "Scientific American.""

ToTTó.- "Lo leía más seguido. Ahora, sólo cuando veo un ejemplar especial. Es una revista muy interesante."

Antonio.- "A mi también me gusta leerla, pero últimamente no he tenido la oportunidad de hacerlo. ¿Por qué te interesa dialogar acerca de ese tu poema? ¡Evolución!"

ToTTó.- "Porque recibí varios mensajes privados de personas de buena intención a quienes no les gustó lo que dice el poema."

Antonio.- "Me parece raro, es un poema muy bueno. ¿Indican por qué no les gustó?"

ToTTó.- "No lo indican específicamente. Son personas muy religiosas, creen que la teoría de la evolución está en contra de las enseñanzas religiosas. Quieren saber cual es mi posición al respecto."

Antonio.- "¡Ummmm! Ya lo entiendo. Esta es una polémica muy antigua, que ha costado muchas vidas durante la inquisición. Muchas son las personas que fueron quemadas vivas acusados de herejías, durante la Inquisición."

ToTTó.- "Eso lo se muy bien. Parece que la polémica no se ha ha terminado todavía. Cuando escribí mi poema no pensé en ella, fue una inspiración que me vino en un sueño, como es mi costumbre."

Antonio de Pórcel Flores Jaimes Freyre

Antonio.- "Te entiendo. ¿Cómo puedo ayudarte?"

ToTTó,- "Tu sabes mucho más que yo de estas cosas. Me acuerdo haberte oído decir que San Agustín, ha escrito algo acerca de la evolución."

Antonio.- "Si lo ha hecho en su obra. La leí varias veces, cuando estudia filosofía, hace muchos años. Durante los tres meses que pasé en el convento de los franciscanos, *(en la ciudad de Tarata, Cochabamba, Bolivia)*, tuve la oportunidad de discutir este tema con el director del convento y varios de los monjes. El director era un sacerdote muy bien versado en el tema, doctor en teología en la universidad e Milano Italia."

ToTTó.- "Perdona, pero estoy curioso. ¿Por qué discutieron precisamente de este tema?"

Antonio.- "La biblioteca del convento tiene muchos libros muy interesantes, entre ellos los principales libros de San Agustín."

ToTTó.- "¿Qué dice San Agustín acerca de la evolución."

Antonio.- "Dice mucho y muy poco."

ToTTó.- "Explícate, por favor."

Antonio.- "A mi entender, dice implícitamente que Dios creo la evolución, que puso su semilla en la creación."

ToTTó.- ¿Cuál fue la conclusión de tus discusiones?

Antonio.- "El director y yo pensamos que era muy posible, porque en la perfección Dios no hay imposibles."

ToTTó.- "Esa es una posición sumamente interesante, teológica, religiosa, pero no científica. Como es tu costumbre: la lógica por delante."

Antonio.- "Así parece."

ToTTó.- "¿Puedes explicarla en forma un poco más específica, para que la entienda mejor?"

Antonio.- "Hace tiempo que no pienso detalladamente en eso. Antes tenía algunas ideas un poco más especificas. ¿Te gustaría oírlas?"

ToTTó.- "Claro que si."

Antonio de Pórcel Flores Jaimes Freyre

Antonio.- "Piensa que este diálogo será bastante largo."

ToTTó.- "Creo que el tema lo requiere. ¿No te parece?"

Antonio.- "Tienes razón, lo requiere. De manera que ten paciencia y escucha."

ToTTó.- "Soy todo oídos. Empieza por favor."

Antonio.- "Se trata de allanar las diferencias entre la teoría de la evolución y la enseñanza de la religión, acerca de la creación del hombre, en el Paraíso Terrenal."

ToTTó.- !Qué interesante! Sigue por favor."

Antonio.- "Después del pecado original, Dios castigo a Adán y a Eva arrogándolos del Paraíso. La pregunta es: ¿Cómo y dónde fueron?"

ToTTó.- ¿Tienes la respuesta?

Antonio.- "Si y no. Creo que está entre-mezclada en las ideas de San Agustín."

ToTTó.- "Ahora si que no te entiendo."

Antonio.- "Si Dios creo la evolución, tiene que haber dotado al ser humano y a la naturaleza de los medios necesarios para lograrla. Yo creo que el castigo fue exactamente eso. Dios condenó a Adán y Eva a una larga, penosa y sufrida evolución, que durará millones de años, antes que ellos puedan volver a ser los seres humanos que "Dios" creó, a su imagen y semejanza."

ToTTó.- "¡Qué interesante observación! No la había oído."

Antonio.- "No es mía. Esa fue una de las conclusiones a las que llegamos con los monjes y con el director del convento."

ToTTó.- !Oh! Me encanta lo que me dices. Pero lo dices en forma filosófica y técnica, esto le quita el brillo y todo el sabor al arte, que puede tener."

Antonio.- "Ahora soy yo en que no te entiende. Explícate por favor."

ToTTó.- "Estoy pensando que la inspiración que me acabas de regalar, no acepta explicaciones. El arte no las acepta. Eso tu sabes muy bien."

Antonio.- "De eso si que estoy convencido. Pero no quisiera quedarme en la 'Luna de Paita' "

ToTTó.- "La única manera que se me ocurre convertir en "arte" tu historia, es contarla en una corta obra de teatro. Esto si que alargaría este diálogo."

Antonio.- "Tu haz dicho que eso no importa. Estoy muy curioso, quiero oír tu famosa obrita."

ToTTó.- "Nada de famosa, pero si de obrita. Ja. Ja. Ja."

Antonio.- "Ya empiezas con tus bromas a tomarme el pelo."

ToTTó.- "La vida es una carcajada. ¡Alégrate hombre! Escribiré la obrita para ti y de paso para las personas que me pidieron una explicación. ¿Qué te parece?"

Antonio.- "Me parece estupendo. Anda, escríbela. "

{ToTTó empieza a escribir la obra titulada:
"Y Dios Creó La Evolución"}

Antonio de Pórcel Flores Jaimes Freyre

"Y Dios Creó La Evolución"
Obra corta en un Acto y una escena.
Escenario: El Paraíso Terrenal
Personajes: Adán, Eva,
La Serpiente y la Voz Divina De Dios.

Actuación

Cuando se abre el telón, se ve a Eva sentada, tranquilamente descansando, al pie del árbol de la sabiduría, del manzano que produce las manzanas del 'Bien y del 'Mal'. Entra sigilosamente, arrastrándose suavemente, la serpiente y se enrosca en el tronco del árbol.

Diálogo

La Serpiente.- "Hola Eva. Te veo muy contenta."

Eva.- "Cierto, estoy muy contenta. Me encanta sentarme al pie de este lindo árbol. Tiene una fragancia exquisita que me hace soñar despierta. Las manzanas son tan lindas. Ese color rojo brillante es único, me fascina. Me gusta verlas danzar al compás de la suave brisa. Este es el más lindo de los árboles del Paraíso Terrenal."

La Serpiente.- " Tienes razón, es maravilloso y sus manzanas son deliciosas. ¿Dónde fue Adán?"

Eva.- "Debe estar refrescándose en el río. Le gusta mucho nadar contra la corriente. Dice que es un excelente ejercicio, no solamente corporal, sino también espiritual."

La Serpiente.- "¿Se refresca por largo tiempo?"

Eva.- "Claro que sí. Algunas veces, se pasa el día entero nadando."

La Serpiente. "¿No te sientes un poco solitaria sin su compañía? ¿Lo extrañas?"

Antonio de Pórcel Flores Jaimes Freyre

Eva.- "Unas veces si, otras no. Me gusta la soledad, porque me permite pasear por todo el Paraíso, gozando sus maravillas y soñando despierta. No se si tu sabes que lo que sueño despierta, de inmediato se convierte en realidad, en el momento que yo quiera."

La Serpiente.- "No lo sabía, eso si que es fantástico. Tienes razón, la libertad de acción y de pensamiento es muy linda y más aun, cuando tus deseos se cumplen fácilmente."

Eva.- "Así lo creo y lo afirmo."

La Serpiente.- "De manera que este es tu árbol favorito."

Eva.- "Si que es. No hay otro en todo el Paraíso otro árbol que se le compare."

La Serpiente.- "Vuelves a tener razón. ¿Haz probado sus manzanas? ¡Son riquísimas!"

Eva.- ¡¿Qué dices?! Está prohibido tocarlas y mucho más comerlas. ¿No lo sabías?"

La Serpiente.- "No lo sabía. ¿Sabes por qué está prohibido?"

Eva.- "No lo se. Pero eso no importa."

La Serpiente.- "Claro que importa."

Eva.- "¿Por qué dices eso?¿Tu sabes porque está prohibido?

La Serpiente.- "Claro que lo se."

Eva.- "Entonces dime por qué está prohibido."

La Serpiente.- "Si te lo digo, me prometes que me vas a creer."

Eva.- "Bueno, eso depende."

La Serpiente.- "Si no me lo prometes, no te lo digo. Yo no soy una mentirosa."

Eva.- ¡Perdóname! No fue mi intención ofenderte. Si. Te lo prometo."

La Serpiente.- "Si es así, te lo diré, pero tienes que prestar mucha atención. ¿Estás lista?"

Eva.- "Si que lo estoy, curiosísima. Dímelo, por favor."

La Serpiente.- "Dios lo prohibió porque no quiere que ustedes sean igual a Dios."

Eva,- "Perdóname. No te entiendo. ¿Qué quieres decir?"

La Serpiente.- ¿Ves? Te dije que tienes que poner mucha atención."

Eva.- "La estoy poniendo, aunque tu no lo creas."

La Serpiente.- ¿Puedes repetir la prohibición?

Eva.- "Que Dios nos prohibió tocar y comer las manzanas, porque si lo hacemos seremos iguales a Dios. No entiendo qué quiere decir que: '¡seremos como Dios! "

La Serpiente.- "Quiere decir que los que coman estas manzanas serán perfectos y podrán crear a voluntad miles de árboles como este, cambiar el mundo y dominar a la naturaleza."

Eva.- "!Huao! Crear muchos árboles con estas manzanas, poder tocarlas, acariciarlas y comerlas. Eso debe ser milagroso. ¡Ser como Dios! ¡Crear muchos paraísos Terrenales!"

La Serpiente.- "Eso mismo. Lo haz dicho muy bien, muy claramente. ¿Te gustaría ser como Dios?"

Eva.- "Si me gustaría, pero está prohibido comer esas manzanas. No se cual será el castigo por desobedecer a Dios."

La Serpiente.- "No habrá ningún castigo. Si ustedes comen las manzanas y son como Dios, Dios no los puede castigar, no tendría el poder necesario para hacerlo, no podrá casigar a ¡Dioses! que son como !. ¿No te parece?"

Eva.- "Tienes razón si así fuera. ¿Pero si no es así?"

La Serpiente.- "¡Cuidado! Me prometiste creerme y ahora estás dudando."

Eva.- "Si te lo prometí y te creo. Se lo diré a Adán en cuanto vuelva. Estoy segura que él también querrá ser como Dios."

La Serpiente.- ¡Qué buena idea! Díselo que se pondrá feliz."

Eva.- "Gracias por habérmelo dicho."

{La Serpiente baja una de las manzanas y se la entrega a Eva.}

Antonio de Pórcel Flores Jaimes Freyre

La Serpiente.- "Toma, aquí tiene una."

Eva.- "¿La puedo agarrar?"

La Serpiente.- "Claro que la puedes agarrar. Acaríciala si quieres. Te la puedes comer. Ya te dije que son riquísimas."

{Eva toma la manzana y la contempla y la acaricia. A eso aparece Adán. La Serpiente lo ve y se oculta detrás del árbol. Eva sorprendida y asustada trata de ocultar la manzana, que se le cae de la mano. Adán la mira sorprendido, se agacha y alza la manzana. Mirándola austeramente y enojado la recrimina.}

Adán.- "¿Pero, qué estás haciendo mujer? ¿Por qué arrancaste esta manzana? Sabes bien que está prohibido tocarlas. ¿Te estás volviendo loca? ¿Cómo se te ocurre hacer semejante barbaridad? Explícate."

Eva.- "Por favor no te pongas así. No la arranqué. La serpiente me la dio. Yo no quería tocarla, pero ella insistió."

Adán.- "¿Qué serpiente? ¿Dónde está que no la veo?"

Eva.- "Estaba acá mismito. Se ha debido escapar al verte tan furioso."

Adán.- "Furioso si estoy. Toma. Llama a esa Serpiente para que la suba al árbol de donde la sacó."

Eva.- "¿Qué dices?¿Cómo quieres que la ponga en el árbol? ¡Qué se yo donde estará la Serpiente!"

Adán.- "Vete y búscala."

Eva.- Mi amado Adán. Por favor escúchame que tengo algo maravillosos que contarte."

Adán.- "Otra vez estás tratando de envolverme con uno de tus cuentos de hadas. Esto es muy serió. Desobedecimos a Dios, tocando está manzana . . . ¡Qué Horror! No sabemos cual será el castigo Dios, por haber cometido este 'Pecado Mortal' de "Desobediencia. No estoy con ánimos de oír tus sonseras. Anda, busca a esa Serpiente ahora mismo."

Eva.- "Estás muy equivocado. No son mis cuentos ni mis son-seras. Por favor, ten paciencia y óyeme. Lo que tengo que contarte, te dejará con la boca abierta de sorpresa. Si no te gusta, te prometo que iré a buscar a la Serpiente y la obligaré a poner la manzana en el árbol. Ya lo verás."

Adán.- "Está bien, acepto tu promesa, te oiré."

Eva.- "¿Sabes por qué Dios nos lo ha prohibido?"

Adán.- "No lo se, pero eso no tiene importancia. Su prohibi-ción es absoluta. No necesitamos saber el "porque'."

Eva.- "Aunque tu no lo creas tiene gran importancia.

Adán.- "Ahora me dirás que sabes porque lo ha prohibido".

Eva.- "Si que lo se."

Adán.- "Cuídate. Será mejor que acabes esta charada de una vez y vayas a buscar a la Serpiente."

Eva.- "Si comemos esta manzana, seremos iguales a Dios. Es por eso que lo ha prohibido ¿Qué te parece?"

Adán.- ¡Bah! Ya sabía yo que iba a ser una de tus estupideces. Ja. Ja. Ja. 'Ser iguales a Dios'. ¿A quién se le ocurre esa gran mentira, semejante estupidez? Nadie puede ser igual a Dios, no importa que es lo que coma. "

Eva.- "Es verdad. La serpiente me lo dijo."

Adán.- "Así que te lo dijo esa maldita Serpiente y tu inocente, le creíste."

Eva.- "Si le creí porque se lo prometí. Es verdad Adán. Si las comemos, tu y yo seremos igual a Dios. Es maravilloso."

Adán.- "¡Qué ingenua eres! Si eso es verdad, ¿Por qué la Ser-piente no se comió las manzanas, para ser igual a Dios?"

Eva.- "Ja. Ja. Ja. No soy ingenua, tu eres el ingenuo. La Ser-piente come estas manzanas, dice que son riquísimas."

Adán.- "Si se las come, ¿por qué ella no es igual a Dios?"

Eva.- "Porque esa maravilla está reservada para los seres hu-manos como nosotros. Los otros seres se las pueden comer y no les pasa nada. Es por eso que Dios no lo ha prohibido.

Eva.- "La serpiente me dijo que son riquísimas. Mira, tómala y huélela. Se me hacen agua los labios de pensar en saborearla."

Adán.- "No digas eso. Está prohibido. Tengo miedo al castigo. Anda vete a buscar a esa Serpiente."

Eva.- "No tengas miedo, no habrá tal castigo."

Adán.- ¿Qué dices, que Dios no nos castigará por esta inmenso pecado mortal?

Eva.- "No es un pecado. Dios no podrá castigarnos, porque seremos igual a Dios. Podremos cambiar al mundo, hacerlo nuestro, cambiarlo como nos de la gana. Plantar muchos árboles como este, dominar a la naturaleza, crear un 'Paraíso' mucho mejor que este. ¿No te parece maravilloso?"

Adán.- "Tengo que confesar que parece maravilloso, pero no puede ser cierto."

Eva.- "Para saber si es cierto tienes que probarla. ¿Me amas?"

Adán.- "Claro que te amo, eres la compañera de mi vida y soy feliz contigo. ¿Por qué preguntas?"

Ave.- "Si realmente me amas, tienes que probármelo comiendo está manzana."

Adán.- "¿Cómo dices? ¿Qué tiene que ver la manzana con que yo te ame?"

Eva..- "Mucho, por que yo también te amo. Comeré la manzana y seré igual a Dios y no quiero dejarte como un simple ser humano. Así que tu también tienes que comerla. Anda, coge esa otra linda manzana, la más roja, la más brillante y las comemos juntos. Si no lo haces, quiere decir que no me quieres y punto."

{*Adán se queda pensativo por unos minutos contemplando la manzana, Está tentado y curioso. Eva lo acaricia animándolo. Finalmente Eva coge la manzana y se la entrega, lo toma de la mano y ambos se sientan al pie del árbol y comen las manzanas.*}

Eva.- "Toma, la cogí para ti. Nos sentamos al pie del árbol y las comemos. Ya verás que te sentirás 'divino', en cuanto seamos iguales a Dios."

Adán.- "Ojala sea como tu dices. ¡Ser iguales a Dios! Sería maravilloso."

{Adán saborea la manzana, Eva sigue su ejemplo}

Eva.- "¿Te gusta?"

Adán.- "Está riquísima. Me comeré otra."

Eva.- "Yo también."

{Cuando están comiendo la segunda manzana, el cielo se cubre con nubes tenebrosa; un viento huracanado destroza por completo el paraíso terrenal; rayos truenos y relámpagos cubren la tierra; la foresta se empieza a incendiar. Los animales huyen desesperados. Adán y Eva se quedan temblando de miedo sin saber que hacer. Se oye la voz de Dios}

La Voz De Dios.- "Malditos seáis, por haber pecado mortalmente; por haber desobedecido al creador; por querer ser como Dios. Por este pecado mortal debéis ser castigados. Lucifer era el ángel más bello del cielo, fue muy soberbio y quiso ser como Dios. Lo condené a los infiernos por toda la eternidad. Antes de recibir el castigo que se merecen ¿Tenéis algo que decir?"

Adán.- "Perdóname Señor. Yo no quería comer las manzanas. Eva me obligó."

Eva.- "Perdónanos Señor. La Serpiente me engaño."

La Voz De Dios.- "Los perdonaré por ser la primera vez y no los mandaré al infierno como se merecen. Pero recibirán su castigo merecido."

Adán.- "Bendito seas Señor. ¿Cuál será nuestro castigo?"

Eva.- "Si. dinos Señor. ¿El castigo será muy fuerte?"

Antonio de Pórcel Flores Jaimes Freyre

La Voz De Dios.- "Los he creado humanos, reyes de mi creación, a mi imagen y semejanza. Los he puesto en este 'Paraíso' donde les falta nada, acá viven en paz: felices, tranquilos, sin preocupaciones, sin necesidad de trabajar para ganarse la vida y sin conocer lo que son el 'Bien' ni el 'Mal'. Las manzanas que han comido son del 'Árbol de la Sabiduría', del 'Bien' y del 'Mal'. He prohibido que coman esas manzanas. ¡Me han desobedecido!"

La Voz De Dios.- "Este es el castigo que se merecen. Desde este momento, serán mortales. Los convertiré en monos y vivirán en los árboles de esta selva, con miedo a los otros animales, de los que tendrán que defenderse como puedan.

La Voz De Dios.- "Tendrán que buscar su comida, adaptándose al medio ambiente y tratando de mejorarlo. Sufrirán de las inclemencias del clima. Tendrán que defenderse de humanos que nazcan de ustedes, de su propios hijos e hijas. Pasarán millones de años hasta que termine el castigo y vuelvan a ser humanos, tal y como los he creado: A MI 'IMAGEN' Y 'SEMEJANZA."

{*Adán y Eva, convertidos en monos, tuvieron que vivir millones de años. Pero Dios les permitió usar la 'Semilla de la Sabiduría' que contenían las manzanas. Con el don de la 'Sabiduría' pudieron evolucionar, hasta llegar a ser lo que somos ahora: Humanos y Mortales.* }

==========
Fin de la obra, continuación del diálogo
===========

Diálogo

ToTTó.- "¿Qué te pareció la obra?"

Antonio.- "Estupenda. Tienes una manera de interpretar la realidad totalmente diferente de la mía."

ToTTó.- "Y tu tienes una manera de vivir la vida, muy diferente de la mía."

Antonio.- "En eso estamos de acuerdo. Tu tomas la vida en broma y escribes en serio, mientras yo tomo la vida en serio y ni siquiera puedo escribir en broma."

ToTTó.- "Ja. Ja. Ja. ¡Buen par que hacemos!. ¿Qué te parece si volvemos al tema de nuestro diálogo? Me gustaría hacerte unas últimas preguntas."

Antonio.- "Me parece buena idea, pero este diálogo se ha largado demasiado. Nuestros lectores deben estar muy cansados. ¿No te parece?"

ToTTó.- "Que está largo no lo puedo negar. Sin embargo y con gran consideración hacia ellos, no quisiera quedarme con las preguntas sin saber tus respuestas. Estoy seguro que nuestros lectores también están interesados en leer mis preguntas y conocer tus respuestas."

Antonio.- "Si es eso lo que crees, pregunta lo que quieras."

ToTTó.- "¿Crees que después de 4 millones de años, la evolución ha terminado?"

Antonio.- "Claro está que no ha terminado. Creo que estamos en la primera etapa, que nos falta mucho camino que recorrer, para llegar a ser como eran nuestros primeros padres en el 'Paraíso Terrenal', antes de cometer el 'Pecado Original'."

ToTTó.- "¿Cómo crees que eran?"

Antonio.- "Tenían que ser 'Perfectos', o casi perfectos."

ToTTó.- "¿Por qué crees eso?"

Antonio de Pórcel Flores Jaimes Freyre

Antonio.- "Simplemente porque fueron creados a 'IMAGEN Y SEMEJANZA' de Dios. Es verdad que hemos evolucionado y dominado el mundo a nuestra manera, pero nos falta muchísimo para llegar a ser como eran ellos, antes de cometer el ¡Pecado Original!. "

ToTTó.- "Entonces crees que la evolución continuará."

Antonio.- "Por fuerza tiene que continuar. Acabará cuando lleguemos a ser como eran Adán y Eva antes de comer las manzanas del árbol de la sabiduría, de tener en nuestra esencia humana ambos: ¡El Bien y el Mal!"

ToTTó.- "Muy interesantes tus respuestas. ¿Qué falta a la humanidad, para llegar a ser ¡Imagen y Semejanza Divinas!?"

Antonio.- "Las manzanas nos dieron la sabiduría y nuestra evolución se ha basado en ese don. Pero también nos dieron el 'Bien' y el "Mal". La evolución tiene que continuar hasta que estos polos contrarios desaparezcan de nuestra esencia y podamos conquistar la existencia divina, la ¡Perfección!"

ToTTó.- ¿Quieres decir que en 4 millones de años el ser humano no será ¡Bueno ni malo!?"

Antonio.-"Si. Adán y Eva no conocían el bien ni el mal. Por consiguiente, no eran buenos ni malos. Simplemente eran humanos inmortales, creados a semejanza divina."

ToTTó.- "Si la evolución fuera así, se acabarían los vicios."

Antonio.- "Eso me parece muy lógico."

ToTTó.- "Entonces no habrán: violencia, egoísmo, envidia, usura, guerras y dejaremos de matarnos unos a otros."

Antonio.- "Así será. Viviremos en paz. Todo el mundo será nuestro 'Paraíso Terrenal'."

ToTTó.- "Me gustan tus respuestas. Lástima que no podamos vivir en ese entonces."

Antonio.- "De eso no estoy seguro. Quizás ese será el 'Día del Juicio Final'. Cuando se acabe el castigo."

ToTTó.- "Crees que en ese día resucitarán todos nuestros antepasados. No habrá infierno y este mundo será el cielo, nuestro 'Paraíso Terrenal?"

Antonio.- "Es posible. Dios cerrará completamente el círculo evolutivo, el principio será el fin. Lo escribiste en tu obra."

ToTTó.- "No creo entender bien lo que dijiste. !Qué es eso lo que escribí? Me sorprendes. Explícate por favor."

Antonio.- "Escribiste que Dios les prometió a adán y Eva que, cuando se acabe el castigo, volverán a ser como cuando fueron creados. ¿No es verdad?"

ToTTó.- "Si. Creo que escribí algo semejante, pero no con esas palabras."

Antonio.- "Bien sabes que no puedo repetir exactamente tus palabras. Eso es lo que entendí. Que se acabaría el castigo cuando ellos lleguen a ser como Dios los había creado: a ¡Su Imagen y Semejanza!"

ToTTó.- "Pero lo que escribí es una obra de teatro. Mi interpretación, inspirada en tus conversaciones con el sacerdote del convento. Nada más ni nada menos."

Antonio.- "Las haz interpretado correctamente. Es más, has hecho vivir a mis palabras en forma fascinante. No se como puedes lograrlo."

ToTTó.- "Ya sabes que me gusta vivir la vida como si fuera una obra de teatro. El mundo es nuestro escenario. En el tiempo de Adán y Eva, el mundo era un teatro pequeño, ellos no tenían público ni lector, carecían de una audiencia. "

Antonio.- "¿No te parece que hora el mundo sigue siendo pequeño? Estamos conquistando el espacio. Ahora tenemos una audiencia de millones de espectadores."

ToTTó.- "Si el mundo se está volviendo cada vez más pequeño. ¿Por qué dices que existen tantos espectadores?"

Antonio.- "Porque en el mundo de hoy, en este teatro, son pocos las actrices y los actores que tienen la osadía y la fortaleza de vivir la vida, con toda intensidad y en todo momento.

ToTTó.- "Me temo que la mayoría, pasamos la vida, sin darnos cuenta que el tiempo pasa y que se nos está acabando. Somos simplemente los espectadores en el teatro de la vida."

ToTTó.- "Según lo que dices, al final de la evolución, no habrán espectadores, todos seremos actrices y/o actores en el teatro del Paraíso Terrenal. Interesante, no me lo imaginé de esa manera."

Antonio.- "Me sorprendes, porque a ti no te falta imaginación. yo soy el que tiene que luchar para conseguirla."

ToTTó.- "De una forma curiosa, somos diferentes, pero iguales. Tu representas el lado científico y yo gozo del arte."

Antonio.- "Así parece. Me encantó oír tu interpretación artística, de las conclusiones e ideas a las que llegamos en el convento franciscano."

ToTTó.- "No tienes algo porque agradecerme. Yo soy quien debe agradecerte por mostrarme que no hay una real contradicción entre: la 'Teoría De La Evolución' y las "Enseñanzas Religiosas. Por convencerme que Dios creó la Evolución cuando creó la 'Sabiduría' y la puso en las manzanas."

Antonio.- "Yo te agradezco por habernos deleitado con tu obra. Estoy seguro que es del agrado de nuestros lectores."

ToTTó.- "Ojalá que así sea." Antonio.- Amen.

Fin del Diálogo

Mensaje del autor publicado en Facebook

Amigas y amigos

Hoy me sentí bastante mejorado y me pasé el día leyendo un estupendo artículo acerca de nuestro evolucionado origen, publicado extensamente en la edición especial, dedicada a la "Evolución" de nuestra especie, en la revista: "Scientific American" (Septiembre, 2014, páginas 36 a 86).

Hacen más de 4 millones de años, el mono vivía en los árboles. Hacen 2 mil millones de años, descendió del árbol, caminó en dos pies, fue el comienzo de este mundo.

Imbuirse en esta lectura fue una verdadera hazaña. para un bohemio ignorante como soy yo. Les confieso que ni siquiera pude leer los nombres de nuestros antepasados.

Unos ejemplos bastarán. En la página 40 hay algunos de los nombres: "Sahelantropus Tchadensis"; "Ardipithecus Kadabba"; "Homo Ergaster"; "Homo Heidelbergensis" "Australopitecus Robustos; "Homo Sapiens"; etc., etc. .

Me basta decirles que quedé "atónito" (no escribí: "Antonico") leyendo tan magnifica información documentada.

Como ya saben, algo que realmente me interesa, a veces, me inspira. Quiero compartir con ustedes este simple poema dedicado al genio de Carlitos Darwin, quién escribió está historia mucho antes, y que ahora, poco a poco, se va confirmando.

Un verdadero genio portador de mi más sincera admiración. Ojala sea de su agrado y se vuelva un incentivo para que alguno de ustedes husmee en este tema.

"Sum Sum Corda"
Carpe Diem
Un abrazo de amigo
ToTTó

Antonio de Pórcel Flores Jaimes Freyre

Evolución
Poema de ToTTó: "El Bohemio Boliviano"
Dedicado al Genio de Charles Darwin
Y "Los Orígenes De La Especie"
Con sincera admiración
In Memoriam
=========

Evolución

I

Carlitos Darwin tenía razón:
El hombre desciende del mono
y el mono desciende del árbol
pues el árbol fue su mansión.

II

Cuando del árbol descendió,
el mono caminó en dos pies.
este cambio trascendió,
fue la semilla y la mies.

III

Cambio este magistral
que originó, tal por cual,
una evolución especial.
Tres millones de años
tardó el Homo Neanderthal.

IV

¿Cómo fue está evolución?
¿Se produjo paulatinamente?
¿Cuál fue la influencia del clima?
¿Qué efectos tubo el cambio de dieta?

V

Hay una buena razón:
Su cráneo creció enormemente
adaptándose al medio ambiente
en vertiginosa evolución.

VI

Pudo sobrevivir terribles momentos
usando nuevos instrumentos.
Se adaptó, controlando el fuego,
a cambios radicales en juego.

VII

Emprendió esta seria empresa
usando la naturaleza,
dominando temibles fieras.
y a cultivando las tierras.

VIII

Creó símbolos y lenguajes,
formó grupos y sociedades.
trabajando en conjunto,
creando así la cultura.

IX

La evolución es una aventura
en existencia y esencia,
que traspasa las edades.
El más interesante de los viajes.

Antonio de Pórcel Flores Jaimes Freyre

Epigrama

Venimos de donde venimos
y vamos donde allá vamos.
En este mundo convivimos
con amigos y con extraños.

Somos lo que hemos hecho,
de la especie las semillas.
Late en nuestro pecho
evolución en maravillas.
==========
Carpe Diem
Un abrazo de amigo
ToTTó

==========

Fin de los Diálogos de ToTTó y Antonio:

Volumen 1

Gracias amigas y amigos lectores . . .

Acerca del Autor

Licenciado en filosofía y literatura, en la Universidad Mayor de San Andrés, La Paz, Bolivia. Tiene una maestría en Antropología, estudios de doctorado en Psicología y Educación en la Universidad de Stanford, California. Recibió la beca especial de '*Fulbright* **U.S.** '*Scholar Program*', para enseñar en España, como 'Senior Profesor'.

Antonio de Porcel Flores Jaimes Freyre, "ToTTó "El Bohemio Boliviano", actualmente enseña sus Talleres de: Poética, Declamación, Actuación Teatral, y Publicación de libros en Amazon.
En sus ratos libres, compone canciones, ballets; crea diseños gráficos; filma videos musicales; escribe: poemas, monólogos, obras de teatro, comentarios y ensayos en forma de "Diálogos de Antonio y ToTTó".

Algunos de sus escritos están publicados en su página de Facebook y en su bitácora (blog), titulada: "Del de la Mente del Poeta, al Corazón del Artista". Varias de sus videos musicales están publicadas en su página de You Tube y algunas de sus canciones en su página de MySpace.

Nacido en el 1936, en La Paz Bolivia, desde 1968 radica en California. Tiene: un hijo, una hija, dos nietas, dos nietos, dos bisnietas y tres bisnietos.
Es un 'Bohemio" de convicción personal dedicado al arte de la escritura, a la formación de poetisas y poetas que deseen aprender y poner en práctica su "Teoría Poética".

Escritoras y escritores interesados en participar en sus varios talleres, deben comunicarse con el autor.
Dirección postal correo corriente:
353 W Nees Ave, Suite Número 152
Fresno, California, 93711, USA.
Dirección virtual: Email:
antotomus@gmail.com

Antonio de Pórcel Flores Jaimes Freyre

Libros de ToTTó Publicados en Amazon
Teoría Poética de ToTTó:
001 "Volumen I: Poética del Período Prosódico" (Foto de portadas)
Dramas
002 "El Lorito: La Leyenda del Che" (Foto de portadas)
003 "ZileFyos y OdeiMnis: El Pode del Miedo" (Foto de portadas)
004 "El Paraíso de la Droga" *(Foto de portadas)*
Comedias
005 "Sabe Cómo Llegar a la Luna" (Foto de portadas)
006 "El Vuelo" (Foto de portadas)
007 "La Gallinita Linai y la Comadreja Dreja" (Foto de portadas)
008 "El Pescador y la Sirena Mágica" (Foto de portadas)
009 "La Primera Cita" (Foto de portadas)
010 "La Muñequita Pizpireta" (Foto de portadas)
Poemas y Sonetos Inspirados en poesías
011 "Autores Hispanos -Volumen I" (Foto de portadas)
012 "De Varios Autores - Volumen II" (Foto de portadas)
Poemas de ToTTó
013 "Poemas de un Bohemio Boliviano" (portadas)
014 "Poemas Bohemios a la Deriva" *(portadas)*
015 "Poemas Bohemios Existenciales" *(portadas)*
016 "Poemas Bohemios para mis Amigas" *(portadas)*
017 "Bohemia Poética: Poemas Años 2001-2002" *(portadas)*
018 "Bohemia Poética: Poemas Años 2003-2004" *portadas)*
Ballets Libretos y Música
019 "Poema andino - Tres Ballets de ToTTó" (portadas)
Obras de Teatro Musicales
020 "La Pastorela" (portadas)
Diálogos de ToTTó y Antonio
021 "Diálogos de un Bohemio" *(portadas)*
Cuentos para Niños
022 "El Río, el Picaflor y el Cuervo" *(portadas)*
023 "Eusebia La Arañita Tejedora" *(portadas)*
024 "La Navidad en las Pampas Argentinas" *(portadas)*
025 "El Mate Pastor - El Abogado y la Imilla" *(portadas)*
026 "Cuentos Bohemios para Niñas y Niños" *(portadas)*
Auto Biografías
027 "Auto Biografía Bohemio Volumen 01" *(portadas)*
028 "Auto Biografía Bohemio Volumen 02" *(portadas)*
029 "Auto Biografía Bohemio Volumen 03" *(portadas)*
030 "Auto Biografía Bohemio Volumen 04" *(portadas)*
031 "Auto Biografía Bohemio Volumen 05" *(portadas)*
032 "Auto Biografía Bohemio Volumen 06" *(portadas)*

033 "Auto Biografía Bohemio Volumen 07" *(portadas)*
034 "Auto Biografía Bohemio Volumen 08" *(portadas)*
035 "Auto Biografía Bohemio Volumen 09" *(portadas)*
036 "Auto Biografía Bohemio Compendio Tomo 1" *(portadas)*
037 "Auto Biografía Bohemio Compendio Tomo 2" *(portadas)*
038 "Teoría del Orgasmo Amoroso-Sexual" *(portadas)*
Libros de Diseños Gráficos
039 "Kronos y el Tiempo en la Cuarta Dimensión" *(portadas)*
040 "Diseños de Portadas Libros de ToTTó" *(portadas)*
041 "Kronos y el Tiempo en la Cuarta Dimensión" *(portadas)*
Monólogos
042 "Tres Monólogos Bohemios" *(portadas)*
Compendios de Anécdotas de la Auto-Biografía de un Bohemio.
043.- "Anécdota de ToTTó: Tomo 01- Auto Biografía de ToTTó
044.- "Anécdota de ToTTó: Tomo 02- Auto Biografía de ToTTó
045.- "Anécdota de ToTTó: Tomo 03- Auto Biografía de ToTTó
046.- "Anécdota de ToTTó: Tomo 04- Auto Biografía de ToTTó
Clases de Orgasmos -Auto-Biografía de un Bohemio.
047.- "Orgasmo Amoroso-Sexual y Orgasmo Puramente Sexual
Bohemia Poética: Poemas de ToTTó por Años
048.-"Bohemia Poética: Poemas 2001-2002 Volumen 01
049.-"Bohemia Poética: Poemas 2003-2004 Volumen 02
050.-"Bohemia Poética: Poemas 2005-2006 Volumen 03
051.-"Bohemia Poética: Poemas 2007-2008 Volumen 04

Teoría Poética y Dramas

Poética del Período Prosódico, Volu...

By Antonio de Pórcel Flores Jaimes ...

El Lorito: El Heroe Desconocido de ...

By Antonio de Pórcel Flores Jaimes ...

ZileFyos y OdeiMnis El Poder del Mi...

By Antonio de Pórcel Flores Jaimes ...

El Paraíso de la Droga: Esclavos de...

By Antonio de Pórcel Flores Jaimes...

Antonio de Pórcel Flores Jaimes Freyre

Comedias

¿Sabe Cómo Llegar a La Luna?: Come...

By Antonio de Pórcel Flores Jaimes ...

El Vuelo: ¿Destino? ¿Coincidencia?:...

By Antonio de Pórcel Flores Jaimes ...

La Gallinita Linai y la Comadreja D...

By Antonio de Porcel Flores Jaimes ...

El Pescador y la Sirena Mágica: ToT...

By Antonio de Pórcel Flores Jaimes ...

La Primera Cita Comedia de ToTTó El...

By Antonio de Pórcel Flores Jaimes ...

La Muñequita Pizpireta: El Poder de...

By Antonio de Pórcel Flores Jaimes ...

Poemas

Poemas y Sonetos de ToTTó Volumen I...

By Antonio de Pórcel Flores Jaimes ...

Poemas y Sonetos de ToTTó: Inspira...

By Antonio de Pórcel Flores Jaimes ...

Poemas de un Bohemio Boliviano: Po...

By Antonio de Pórcel Flores Jaimes ...

Poemas Bohemios a la Deriva: Poemas...

By Antonio de Pórcel Flores Jaimes ...

**Poemas Bohemios
Existenciales**

By Antonio de Pórcel
Flores Jaimes...

**Bohemia Poética
Selección de
Poemas...**

By Antonio de Pórcel
Flores Jaimes...

**Poemas
Bohemios para
mis Amigas y A...**

By Antonio de Pórcel
Flores Jaimes ...

**Bohemia Poética
Selección de
Poem...**

By Antonio de Pórcel
Flores Jaimes...

Poemas Musicales y Ballets de ToTTó

**La Pastorela La
Soberbia y la
Hum...**

By Antonio de Pórcel
Flores Jaimes ...

**Poema Andino, La
Her...**

By Antonio de Pórcel
Flores Jaimes ...

Diálogos entre Antonio y ToTTó

**Diálogos de un
Bohemio: Entre
Anton...**

By Antonio de Pócel
Flores Jaimes F...

Cuentos de ToTTó

**El Mate Pastor El
Abogado y la
Imi...**

By Antonio de Pórcel
Flores Jaimes ...

261

Antonio de Pórcel Flores Jaimes Freyre

El Rio, el Picaflor, la Hortensia y...

By Antonio de Pórcel Flores Jaimes ...

Eusebia la Arañita Tejedora

By Antonio de Pórcel Flores Jaimes ...

Cuentos Bohemios para Niñas y Niño...

By Antonio de Pórcel Flores Jaimes...

Auto -Biografía de un Bohemio 9 Volúmenes

Auto Biografía de un Bohemio Despi...

By Antonio de Pórcel Flores Jaimes ...

Auto Biografía de un Bohemio Despis...

By Antonio de Pórcel Flores Jaimes ...

Book in auto biografía de un bohemio despistado

Auto Biografía de un Bohemio Despis...

By Antonio de Pórcel Flores Jaimes ...

Auto Biografía de un Bohemio Despis...

By Antonio de Pórcel
Flores Jaimes ...

Book in auto biografía de un bohemio despistado

Auto Biografía de un Bohemio Despis...

By Antonio de Pórcel
Flores Jaimes...

Book in auto biografía de un bohemio despistado

Auto Biografía de un Bohemio Despis...

By Antonio de Pórcel
Flores Jaimes...

Book in auto biografía de un bohemio despistado

Auto Biografía de un Bohemio Despis...

By Antonio de Pórcel
Flores Jaimes...

Book in auto biografía de un bohemio despistado

Auto Biografía de un Bohemio Despis...

By Antonio de Pórcel
Flores Jaimes...

Antonio de Pórcel Flores Jaimes Freyre

Auto Biografía de un Bohemio Despis...

By Antonio de Pórcel
Flores Jaimes...

Auto Biografía de un Bohemio Despis...

By Antonio de Pórcel
Flores Jaimes ...

Auto Biografía de un Bohemio Despis...

By Antonio de Pórcel
Flores Jaimes ...

El Orgasmo: Amoroso - Sexual y el ...

By Antonio de Pórcel
Flores Jaimes...

Diseños de Portadas

Diseños de Portadas Libros de ToTTó...

By Antonio de Pórcel Flores Jaimes ...

El Tiempo en la Cuarta Dimensión: K...

By Antonio de Pórcel Flores Jaimes...

Tiempo en la Cuarta Dimensión: Kron...

By Antonio de Pórcel Flores Jaimes ...

Compendios-Anécdotas Auto-Biografía de un Bohemio

Compendio de Anécdotas Tomo 01: Aut...

By Antonio de Porcel Flores Jaimes ...

Antonio de Pórcel Flores Jaimes Freyre

Compendio de Anécdotas Tomo 02 Aut...

By Antonio de Pórcel
Flores Jaimes...

Compendio de Anécdotas Tomo 03: Au...

By Antonio de Pórcel
Flores Jaimes ...

Compendio de Anécdotas Tomo 04: Au...

By Antonio de Pórcel
Flores Jaimes...

Bohemia Poética
Poemas de ToTTó por años

Bohemia Poética Selección de Poemas...

By Antonio de Pórcel Flores Jaimes...

Bohemia Poética Selección de Poemas...

By Antonio de Pórcel Flores Jaimes...

El Orgasmo Amoroso-Sexual
y el Orgasmo Puramente-Sexual

El Orgasmo: Amoroso - Sexual y el ...

By Antonio de Pórcel Flores Jaimes...

Antonio de Pórcel Flores Jaimes Freyre